Ingrandimenti

Paolo Nespoli

DALL'ALTO I PROBLEMI SEMBRANO PIÙ PICCOLI

Lezioni di vita imparate dallo Spazio

MONDADORI

librimondadori.it
anobii.com

Dall'alto i problemi sembrano più piccoli
di Paolo Nespoli
Collezione Ingrandimenti

ISBN 978-88-04-61440-1

I edizione luglio 2012

Anno 2017 - Ristampa 5 6 7 8

Indice

Dall'alto i problemi sembrano più piccoli

Chi vuole guardare bene la terra
deve tenersi alla distanza necessaria.

ITALO CALVINO, *Il barone rampante*

Introduzione

Da bambino guardavo gli astronauti saltellare sulla Luna e li immaginavo tutti geni, supereroi, dei superman infallibili. Da grande avevo deciso di essere anch'io come uno di loro, provare le loro sensazioni, varcare l'impossibile. Poi sono cresciuto e ho scoperto di fare molta fatica a imparare, a dover ripetere le cose tante e tante volte prima di poterle fare decentemente, a non poter fare a meno di commettere errori, e più mi concentravo per essere preciso, più sembrava sbagliassi. E così, dopo il primo esame importante all'università, nel cassetto assieme a tutti gli altri giochi di bambino ci ho buttato anche il mio sogno. Non potrò mai diventare come uno di loro, mi ero detto.

Oggi però so che mentre sbagliano quelli che considerano gli astronauti tanto dei geni quanto dei superman, so anche che sbagliavo a mia volta nel considerare l'andare nello Spazio una meta per me impossibile. Io sono sempre lo stesso di prima: faccio sempre fatica a imparare e mal tollero gli ambienti scolastici, devo ripetere decine e decine di volte azioni e processi prima di poterli fare "naturalmente", commetto errori. Eppure, mentre non sono andato sulla Luna, ho volato nello Spazio sulla Stazione Spaziale Internazionale in una missione di lunga durata, missione che ha avuto grande successo e durante la quale abbiamo raggiunto molti più obiettivi di quelli che ci fossero stati assegnati.

Allora, mi sono detto, dove sta il mistero?

Il primo obiettivo di questo libro è di cominciare a rispondere a questa domanda. Cioè toccare alcune delle lezioni che ci vengono dallo Spazio, parlare delle metodologie usate per fare in modo che persone assolutamente normali come me possano compiere cose apparentemente impossibili, come stare sei mesi nello Spazio. Portarti a considerare le tue capacità e ripensare il tuo approccio con l'universo che abitiamo, riconsiderare la realtà del nostro tempo, e poi realizzarsi, fare sempre meglio. Qui non troverai cose spiegate come se questo fosse un manuale di vita da applicare alla lettera. Troverai racconti, aneddoti, riflessioni. Troverai risposte ma spero troverai soprattutto domande.

Il secondo obiettivo è quello di comunicare quanto sia differente, direi bello, vivere in orbita attorno al nostro pianeta, descrivere un mondo nuovo caratterizzato dall'assenza di gravità, dove tutto cambia e dove occorre ricominciare da capo, sperimentando ogni cosa affinché diventi vivibile e logica. Senza uscire dal pianeta è difficile comprendere quali e quanti siano i condizionamenti che lo stesso impone a tutti noi. Lo Spazio diviene prima di tutto "un nuovo Spazio esperienziale e concettuale" in grado di svelare nuove potenzialità ma anche farci toccare i nostri limiti. Poi, quando vivi "fuori dal pianeta" ti accorgi di quanto questo sia bello, di quanto assomigli a una casa fragile e delicata, a una nave in viaggio nell'universo. E noi ne siamo i custodi, i capitani, i marinai.

Il terzo obiettivo è di spronare a sognare, sognare cose impossibili, e poi svegliarsi e impegnarsi a realizzarle, perché se riesci ad andare in un posto con la mente, probabilmente ci potrai arrivare anche con il corpo. Tutti, se ci credono, possono accedere al proprio sogno, ma occorrono perseveranza, sacrificio, impegno e soprattutto passione. Alla fine è meglio essere preparati per qualcosa che non succederà mai piuttosto che lasciarsi sfuggire un'opportunità perché non si era pronti.

Ringraziamenti

Tante sono le persone che hanno contribuito direttamente ma anche indirettamente alla realizzazione di questo libro. Ringrazio Paolo Castiglioni di Space Experience che ha tenuto duro per innumerevoli anni e mi ha spinto e aiutato a realizzare cose impossibili. Ringrazio Roberto Provana che mi ha ascoltato e mi ha aiutato a estrarre e ordinare le cose buone da una valanga di concetti e parole buttate su un tavolo.

Ringrazio Alberto Gelsumini di Mondadori che ha gestito efficacemente tutti i passaggi necessari per portare il mio racconto ai lettori.

Tante sono anche le persone che mi hanno "costruito" e hanno contribuito in varie forme e con differenti contributi alla realizzazione del mio sogno. Ringrazio le organizzazioni e tutti quelli che hanno sostenuto e avallato la mia formazione, dalla scuola all'Esercito, dall'università all'Agenzia Spaziale Europea e alla NASA. Ringrazio gli ingegneri, i fisici, i tecnici, i medici, i ricercatori, i manager e il personale di supporto che con passione irrefrenabile lavorano giorno dopo giorno per permetterci di andare nello Spazio. Ringrazio le squadre di istruttori che per anni mi hanno formato tecnicamente e psicologicamente. Ringrazio le squadre di controllori di volo, spesso angeli senza volto, che hanno vegliato sulle nostre navicelle dai centri di controllo. Ringrazio la mia famiglia e i miei amici, che sono sempre pronti a tollerare, rispondere, aiutare, a stringersi attorno nel momento del bisogno. Ringrazio tutti quelli che condividono i miei interessi, le mie ragioni, i miei valori, i miei sentimenti.

Ringrazio anche le organizzazioni e quelli che hanno tentato di dissuadermi o bloccare la realizzazione del mio sogno. Anche loro, volenti e nolenti, hanno contribuito affinché si realizzasse.

SPACE EXPERIENCE (www.spaceexperience.org)
Associazione di Ricerca Scientifica e Tecnologica con Sede a Milano, ha l'obiettivo di studiare e implementare lo sviluppo, l'applicazione e la divulgazione tecnologica, scientifica e culturale derivante dai settori aeronautico e aerospaziale. Attua specifici programmi di project management, special training e people strategy che traggono spunto dall'esperienza degli space explorer, tra questi anche Paolo Nespoli.

ROBERTO PROVANA
Psicologo, saggista e giornalista, svolge attività di ricerca e formazione anche nel settore aerospaziale per la gestione delle conoscenze psicologiche, l'individuazione delle metodologie e dei comportamenti atti a definire una formazione innovativa e performante. Ha fattivamente collaborato con Paolo Nespoli alla realizzazione di questo libro e con Space Experience nelle aree di ricerca prossime alle human resource.

Coltivare un sogno

Come diventare quello che si desidera

Scegliere i sogni da perseguire

La mia passione per lo Spazio è nata negli anni della scuola media, quando alla televisione guardavo rapito i filmati provenienti dalla Luna. Mi affascinavano le prime immagini, trasmesse dagli schermi TV in bianco e nero, del nostro satellite e degli astronauti che camminavano saltellando, si muovevano in modo strano, derapavano sulla jeep tra i sassi e la polvere lunare. Fu lì che pensai: "Lo voglio fare anch'io quando sarò grande!". Questa idea, questo seme, è finito in un cassetto ed è rimasto dormiente fino a quando, più avanti nell'età e più conscio delle mie capacità effettive, l'ho rispolverato, annaffiato, coltivato e alla fine l'ho visto crescere contro ogni aspettativa. Ognuno di noi ha avuto e porta con sé dei sogni, delle aspirazioni, e bisogna avere il coraggio di annaffiarli con amore e curarli.

Scegliere i sogni da perseguire è forse la cosa più difficile. Per la maggior parte i sogni sono per definizione impossibili e per realizzarli occorre misurarsi con la realtà. In effetti, se si facesse una scelta cosciente bisognerebbe scegliere un sogno "impossibile ma non troppo", "lontano ma non irraggiungibile", "da incosciente ma non da dissennato". Ma da bambino non fai tutti questi discorsi, vedi una cosa che ti piace, che ti intriga e stimola, e decidi che quella è la cosa che vorresti fare per tutta la vita. Senza avere la coscienza e la logica per valutare se la cosa veramente ti piace, ti sia congeniale. O se ti andrebbe veramente di farla per tutta la vita, se sei veramente disposto a fare sacrifici sovrumani per raggiungerla e digerire le sconfitte momentanee che inevitabilmente ti si pareranno davanti.

Agli alunni che mi vengono ad ascoltare durante gli incontri scolastici e mi chiedono come devono fare per diventare astronauti, dico sempre: "Dovete guardarvi intorno, con attenzione, capire quali sono le cose che vi interessano, vi divertono, vi piacciono, vi stimolano... Non necessariamente questo vuol dire fare l'astronauta! Dovete trovare una professione che possiate fare con piacere e passione, giorno dopo giorno. Solo così riuscirete a ottenere i risultati migliori, dando il massimo al limite dell'impossibile, divertendovi e sentendovi realizzati". Se un'impresa non raggiunge subito i risultati sperati, si deve avere pazienza, perseverare caparbiamente. E anche negli errori bisogna cercare gli aspetti positivi, perché c'è sempre qualcosa da imparare, pure nelle situazioni più difficili.

Alla fine, oltre ad avere un sogno ed essere disposti a perseguirlo, penso che siano necessarie tre qualità: tanta determinazione, una grande disponibilità ad affrontare nuove avventure, la capacità di fare tesoro di tutte le esperienze e metterle a buon frutto. Chiudo solitamente le mie presentazioni con questa affermazione: "Il futuro è nostro, dobbiamo solo osare sognare!".

Personalmente, il mio lavoro di astronauta mi ha permesso di osservare con attenzione il comportamento mio e degli altri colleghi, soprattutto nelle situazioni di emergenza. Ciò mi ha aiutato a capire che esistono metodi di apprendimento differenti. Credo che sia utile, per ognuno di noi, riuscire a capire qual è quello che ci è più congeniale, che ci permette di rendere di più, sia quando impariamo, cioè nell'ambiente scolastico, sia quando siamo impegnati nel lavoro.

Per esempio, mentre ero in orbita, un mio collega, che aveva la responsabilità di manovrare il braccio meccanico in operazioni complicate e potenzialmente pericolose, prima di eseguirle voleva prepararsi meticolosamente investendo quella che a me sembrava una spropositata quantità di tempo nella lettura di manuali d'istruzione. Sì, questi ormai abbondano non solo per i computer, le automobili, ma anche per i piccoli elettrodomestici, perfino per gli apribottiglie. Figuriamoci per la tecnologia spaziale!

Questo collega sentiva il bisogno di rassicurarsi mediante la lettura preventiva di descrizioni minute e particolareggiate, note, contronote, commenti, sommari, elenchi dei punti critici e di forza di una data strumentazione, analisi, test, ecc. Io, invece, che ho sviluppato un diverso approccio alle azioni, sia di tipo tattico sia strategico, trovo questa eccessiva documentazione preliminare superflua. Personalmente guardo all'essenziale, al comportamento più idoneo da adottare nel momento in cui si dovrà affrontare il problema, che spesso può presentare variabili inaspettate e necessitare quindi di risoluzioni che vadano oltre le note di un manuale, per quanto minuziose e precise.

Spesso, per molti di noi, non vale la pena perdersi in

labirinti teorici, normativi. Io preferisco un approccio fondamentalmente pratico. Forse è per questo motivo che a scuola non mi divertivo tanto: molta teoria e poca pratica. E difatti, se per certi versi ero un alunno abbastanza brillante, sicuramente non sono stato uno studente modello. Ed è vero, l'ideale del sistema scolastico non mi si addice molto!

Il mio metodo di apprendimento è soprattutto visivo: io immagino, interiorizzo la situazione che dovrò affrontare, recupero le informazioni che fanno parte della mia esperienza e mi focalizzo solo sui dati che mi mancano. Poi mi prefiguro il comportamento più idoneo da adottare. Mi costruisco una specie di "film interno" nel quale elaboro la manovra o il compito che dovrò svolgere. Il mio è un apprendimento più immediato, un po' come facevano gli artigiani di un tempo che imparavano osservando l'ambiente circostante, gli altri, le situazioni, e "rubando" le informazioni.

Sono convinto che se a scuola si utilizzassero più esperimenti pratici, se si tenessero non solo lezioni teoriche di chimica e biologia ma si facessero anche attività di laboratorio per osservare direttamente i fenomeni fisici, gli alunni si divertirebbero molto di più e scoprirebbero che la scienza possiede un aspetto ludico, piacevole.

È quella che molti chiamano la "gaia scienza": una forma di conoscenza che invece di essere noiosa stimola le domande, l'apprendimento istantaneo, il protagonismo dello studente che si mette in gioco con provette, elementi chimici, colture di cellule, micro-ambienti artificiali, software sperimentali.

Per quanto mi riguarda, se ho l'occasione di imparare o interiorizzare una manovra – anche complessa – ricorrendo a simulazioni concrete, riesco a ricordare una procedura meglio di qualsiasi lettura preliminare. Inserisco questa esperienza nel mio file, nella mia memoria. Sono lento nel fare questa "registrazione", ma una volta che l'esperienza è fissata, rimane cementata per sempre. E se si presenta la stessa situazione anche dopo molti anni, sono in genere in grado di attingere a quel file e di affrontarla immediatamente in modo soddisfacente.

Albert Einstein sosteneva di essere molto lento nel capire le cose, ma che, una volta apprese, gli rimanevano impresse in modo indelebile. Mi fa sorridere pensare che forse io e Einstein siamo lontani cugini!

Se ci pensi bene, anche tu probabilmente fai così prima di usare un nuovo cellulare. Non leggi il manuale da cima a fondo prima di accenderlo, ma ti metti a "smanettare" cercando di capire "concettualmente" come funziona. Insomma, impari in modo intuitivo. Un po' come fanno i bambini.

Quali sono i tuoi limiti?

La conoscenza nasce dai test, dalla sperimentazione continua. E ogni situazione può essere l'occasione per osservarti. Ogni vissuto può diventare una situazione-test. È importante imparare a osservare noi stessi in ogni contesto, se desideriamo conoscerci. Naturalmente in orbita si fanno test più strutturati, ci si sottopone a programmi veri e propri dove le varie funzioni sono analizzate in dettaglio.

Capita, infatti, con una certa frequenza che da terra ti chiedano di sottoporti a dei test per controllare lo stato di salute del cervello, per verificare il suo funzionamento, la sua velocità nel rispondere a determinate sollecitazioni. Devi dare risposte, risolvere problemi, anche semplici, ma che comunque richiedono piccole strategie di ragionamento per essere risolti. Quasi mai ti dicono quali tecniche devi usare. Devi essere tu a trovare il metodo corretto per arrivare al risultato. In questo modo verificano se la tua capacità di affrontare situazioni difficili o impreviste si mantiene nel tempo, è duratura. Calcolano la tua curva dell'attenzione, che dovrebbe essere costante nel tempo, senza troppe oscillazioni.

Nella vita di tutti i giorni, sulla Terra, succede spesso, invece, che il livello di coinvolgimento non sia ottimale. Cosa ti succede? È probabile che il tuo livello di attenzione duri al massimo 20 minuti. Oppure, nei casi di noia mortale, attorno ai 5. Non invidio gli insegnanti, che devono essere molto abili a tenere alto il livello di attenzione dei propri alunni, utilizzando metodi diversi per rendere interessanti le loro materie e cercando di coinvolgere tutti quanti gli studenti, sia quelli che hanno bisogno di fare pratica sia quelli che necessitano di un approccio teorico e astratto.

Una volta cresciuto, sei pronto per andare nello Spazio, fare il manager o semplicemente fare bene il tuo lavoro, qualunque esso sia: elettricista, panettiere, programmatore di computer, contabile, operaio o designer. Tutti i mestieri richiedono una certa dose di auto-apprendimento. Devi imparare dall'esperienza, non solo dai libri. Se sei fortunato, puoi trovare dei maestri, degli istruttori che ti spingono a osare per scoprire i tuoi talenti.

Anche nello Spazio, a volte, i test non ti dicono dove devi arrivare: dove arrivi, arrivi. Sei tu che stabilisci il tuo limite. Sarebbe bello che anche a scuola fossero adottati alcuni test capaci di stimolare queste capacità di auto-apprendimento e che permettano di misurare la tua curva dell'attenzione, delle tue prestazioni.

L'obiettivo di ogni processo educativo e formativo

è il raggiungimento di un equilibrio tra le varie componenti/espressioni della nostra natura e personalità.

L'approdo a un alto livello di equilibrio psicofisico però non è una conquista automatica. È il frutto di allenamento e di auto-addestramento.

In questo senso, essere "ordinari" non è poi così facile.

L'importanza di essere "medio"

Un astronauta deve unire buone capacità fisiche, psicologiche e mentali e non necessariamente deve eccellere in una di queste. Personalmente ritengo di non potermi vantare di eccellere in una particolare disciplina. D'altra parte riconosco che ci sono ben poche attività che non riesco a compiere in modo soddisfacente. Anche se sono andato nello Spazio più volte e mantengo alcuni primati di performance spaziali, non mi sento un supereroe. Non sono un superman. Al contrario, sono un *average-man*, un uomo ordinario. E forse questa è stata ed è la mia fortuna, poiché un astronauta deve essere un "uomo con una buona media nelle varie abilità", anche se queste abilità sono molto diverse tra loro. Devi essere in grado di mettere in atto multi-capacità visto che devi saper pilotare un veicolo, lavorare in team, parlare e pensare in lingue diverse, gestire le priorità, saper pulire una stazione orbitale, fare riprese con la telecamera 3D, dormire senza reazioni di panico in un bozzolo che fluttua nel vuoto, parlare in pubblico, fare il paracadutista, usare Twitter...

Questo mix ti permette di vedere le cose da un'angolatura diversa da quella dello specialista, che è competente esclusivamente in un campo ristretto. L'eccessiva specializzazione può essere pericolosa perché, se ti permette di ottenere un vantaggio competitivo, questo però normalmente dura poco. Ciò vale anche nel lavoro. Per fare un esempio, gli specialisti di software che non hanno saputo adattarsi velocemente alle nuove richieste del mercato del lavoro o alle esigenze che stavano emergendo sono fuori gioco. Il fatto è che occorre anticipare i trend, in modo da essere pronto a inserirti con competenze appetibili ed eccellenti.

Siamo tutti chiamati a sviluppare sempre nuove abilità e questo richiede una flessibilità a ogni livello: mentale, linguistico, comportamentale, operativo. Certo, gli specialisti sono necessari, ma il compito della scuola è prima di tutto quello di fornire una buona cultura generale, educare al ragionamento, stimolare alla creazione di un metodo personale, in modo da permettere poi a ogni studente di scegliere la propria strada, la propria vocazione e le materie preferite.

Sono necessarie metodologie di base, una visione il più possibile allargata delle scienze, così come una valorizzazione dell'educazione fisica, oltre che di quella umanistica.

Si tratta di valori che da sempre ho voluto promuovere con la mia testimonianza diretta.

Cosa vuoi fare da grande?

Sono particolarmente sensibile al futuro, quindi alla scuola, alle giovani generazioni. Ho sempre cercato un contatto con studenti, ragazzi, bambini. Nei limiti delle mie possibilità, fra una missione e l'altra, ho dedicato del tempo a incontri con scolaresche principalmente italiane, ma anche straniere.

Durante le mie testimonianze in ambito scolastico

o accademico, sostengo che per prima cosa devi avere un sogno, osare e puntare in alto. Ai ragazzi che mi dicono che vogliono fare l'astronauta per diventare ricchi e famosi dico che il sogno non può essere dettato dal miraggio del ritorno di fama o dal successo economico, da quanti ti celebreranno e dallo stipendio che percepirai. È assolutamente possibile ottenere grandi gratificazioni svolgendo attività professionali apparentemente modeste senza essere remunerati in maniera considerevole.

L'importante è diventare un bravo professionista, portare qualcosa di diverso, di indiscutibilmente "tuo". E per ottenere questo risultato devi provare piacere nel tuo lavoro. Ci sono parrucchieri, sarti, chef, molto più famosi di astronauti e che guadagnano dieci volte di più. Ci sono professioni relativamente umili che hanno un ritorno economico superiore al mio, senza bisogno di andare in orbita.

Quindi dico agli studenti: "Non è importante cosa fai, ma come lo fai". Contano l'inventiva, individuare e coltivare saperi di nicchia, filoni innovativi e tanta passione. I trend tendono a succedersi nel tempo: se in un particolare momento storico, per esempio, si attribuisce grande importanza alla cultura e alle tematiche scientifiche, oppure se – come è accaduto in passato – le conquiste spaziali toccano l'immaginario collettivo, si verifica un aumento delle iscrizioni alle facoltà tecniche, come è avvenuto negli USA a cavallo degli anni Sessanta e Settanta.

Gli esempi che la società civile, le comunità scientifiche, la Chiesa e il mondo delle imprese sono in grado di offrire, se correttamente veicolati, sono dunque un volano capace di influenzare fortemente le scelte dei giovani.

Senza timore di esprimere un concetto scontato, mi

domando: "Ma quali esempi diamo oggi ai ragazzi? Quali modelli di successo proponiamo loro?". Una bambina non può risponderti che la sua massima aspirazione è fare la velina! Se poi perfino la madre è orgogliosa di tale scelta, allora la situazione è davvero grave, non perché non sia un'attività dignitosa, ma perché non si può appiattire la propria vita solo su un successo mediatico effimero o esclusivamente sul tornaconto economico.

Rimango abbastanza sconvolto quando studenti di 12-13 anni mi chiedono quanto incasso con il mio mestiere, e pensano di usare questo parametro per decidere se occuparsi o no di Spazio. Mi domando dove siano finiti il senso della propria vocazione, la passione, le attitudini personali. Qualsiasi risposta numerica, 50.000 o 500.000, non riuscirebbe a dare il senso della propria scelta. Non tutto si può monetizzare. Le risposte non possono essere solo quantitative, ma anche qualitative e il modello-guida non può essere dettato da un'idea che afferma: "Da grande voglio essere famoso e fare tanti soldi". La propria carriera ha senso se è motivata da un interesse profondo. Pare invece che alla crisi economica globale corrisponda una crisi delle vocazioni, un disincanto generalizzato che ottunde lo spirito e non appartiene all'anima più profonda della storia d'Italia, una Nazione più volte risorta dalle proprie ceneri grazie alla creatività che ci contraddistingue, all'ingegno e alla caparbietà nel perseguire nobili obiettivi. Basti pensare al "boom" economico degli anni Cinquanta. E basti rammentare che Leonardo Da Vinci era italiano, così come Antonio Meucci, Enrico Fermi e molti altri grandi talenti che hanno lasciato un indelebile segno nella storia dell'umanità.

Alcuni incontri per me sono stati davvero memorabili e toccanti. In varie scuole elementari e medie sono stato accolto con palloncini tricolori e l'Inno d'Italia, segno che la partecipazione di un italiano alle missioni spaziali può contribuire a rafforzare il senso d'identità e di un sano orgoglio nazionale. E quando non è stato possibile recarmi personalmente nelle scuole, mi sono collegato in videoconferenza. Credo sia necessario servirsi dell'esperienza delle missioni spaziali per divulgare i valori che animano gli astronauti e le organizzazioni che permettono loro di andare nello Spazio come la NASA e l'ESA.

In occasione delle mie conferenze in Italia e all'estero, tocco sempre con mano il grande interesse che si manifesta nei confronti delle missioni spaziali, da parte di esperti, personaggi famosi o persone con comuni interessi scientifici o culturali, oppure da parte di gruppi e individui che seguono l'attualità.

Mi sono trovato in situazioni di involontaria competizione con VIP, politici, giornalisti, premi Nobel, e quando i partecipanti a un evento o convegno hanno potuto scegliere, le sale dedicate alle testimonianze relative alle esperienze spaziali hanno registrato il tutto esaurito, oltre ogni previsione, segno non solo che il mio rapporto con il pubblico è ottimo, ma che il fascino che esercita lo Spazio, la curiosità e il mistero che da sempre lo avvolgono sono rimasti intatti. E con gli studenti si instaura un feeling ancora migliore. A loro dico: "Ragazzi, non sono un superman e alla vostra età non avevo veramente idea di quello che avrei potuto fare. Avevo però un sogno che sembrava fuori dal mondo, una chimera... ".

La diffusione della cultura scientifica può essere favorita dalla presenza di un testimonial perché aiuta a far nascere o scatenare l'entusiasmo, che è una grande sorgente di energia positiva. Questo vale anche per coloro che offrono la loro esperienza quali protagonisti di avventure scientifiche, culturali, artistiche e sportive. Nello sport, infatti, ciò è molto evidente. Se in aula arriva un atleta che ha vinto dei campionati, delle medaglie, le Olimpiadi o ha ottenuto dei primati, lo sguardo attento e l'interesse degli studenti sono assicurati. I testimonial, dunque, sono promoter delle attività che rappresentano, ma hanno un compito e una responsabilità che oltrepassa di gran lunga la spettacolarizzazione di un evento. Compito dello sportivo famoso, per esempio, dovrebbe essere quello di promuovere una cultura dello sport nei suoi valori più alti. Di questo avremmo bisogno, visto che siamo ancora prevalentemente un popolo di tifosi, non di sportivi.

Rimanendo in ambito sportivo e sposando appieno la massima latina *mens sana in corpore sano*, mi stupisco quando osservo in quali condizioni gli insegnanti di educazione fisica siano spesso costretti a lavorare, mentre lo stato delle palestre scolastiche molte volte è a dir poco penoso. Per non parlare della diffusione insufficiente di queste strutture e della scarsa considerazione che la pratica sportiva riveste nella formazione degli studenti nel nostro Paese.

L'attività fisica, invece, è assai importante perché sviluppa l'intelligenza gestuale e motoria, il coordinamento muscolare, fattori fondamentali anche per tutti coloro che non andranno nello Spazio e per superare un eccesso di isolamento, di individualismo. Le missioni spaziali sono grandi imprese collettive: non esiste l'esploratore solitario che si avventura tra le galassie. La cooperazione è imprescindibile per raggiungere obiettivi comuni e superare eventuali momenti di crisi.

La competizione tra squadre all'interno delle università e i campionati tra classi servono a forgiare uno spirito competitivo ma anche collaborativo all'interno di un team. Nel gioco di squadra è il gruppo che vince, anche se magari uno solo è un campione e gli altri sono delle schiappe.

Le iniziative ispirate dall'esperienza astronautica e finalizzate a incentivare comportamenti costruttivi sono molteplici. Per esempio, "Mission X". In questi casi il testimonial non è più solo una persona, ma un ente che crede negli stessi valori e si fa promoter di progetti di crescita e di sensibilizzazione.

Addestrati come un astronauta

"Mission X" è stata un'iniziativa internazionale il cui sottotitolo era: "Addestrati come un astronauta". Promossa in contemporanea da quasi tutte le agenzie spaziali mondiali, in primis la NASA e l'ESA, ha avuto lo scopo di sensibilizzare i ragazzi di oggi su tematiche riguardanti l'alimentazione e l'esercizio fisico, possibilmente di squadra. Più concretamente, di valorizzare la nutrizione e la pratica regolare di esercizio fisico. A migliaia in tutta Europa e nel mondo hanno partecipato al programma "Mission X".

In sostanza, il messaggio di fondo era: "Ragazzi, allenatevi come noi che siamo nello Spazio, e mangiate sano e correttamente". Parte dei nostri programmi di esercizi fisici sono stati quindi adottati e seguiti da migliaia di studenti di vari Paesi. E lo hanno fatto per mesi, collezionando "punti" che sono serviti a compilare una graduatoria mondiale.

Io e i miei compagni di avventura nella casa orbitante abbiamo spiegato ai ragazzi perché ci diamo dentro con la ginnastica: in microgravità i nostri muscoli si afflosciano e le ossa perdono calcio diventando più fragili. Abbiamo assolutamente bisogno di contrastare gli effetti deleteri della microgravità e fare esercizio costante.

Ma non occorre andare in orbita per trovarsi in situazioni fisiche deleterie, poiché accadono nella vita di tutti i giorni. Nei ragazzi di oggi, infatti, i comportamenti a rischio sono in aumento: alimentazione scorretta, sedentarietà causata dalle molte ore passate davanti al computer, alla TV o alla PlayStation. "Addestrati come un astronauta" è stata quindi una grande operazione di sensibilizzazione per riuscire a comunicare: "Attento a quando, come e cosa mangi". Questa iniziativa di prevenzione era finalizzata a incentivare lo sport.

Personalmente vivo male l'addestramento in palestra, da culturista, e preferisco cimentarmi in sport che permettono un contatto con la natura e ti fanno capire i tuoi limiti. Gli sport collettivi svolgono altre funzioni: educano alle relazioni di team, stimolano una sana competizione e plasmano il carattere attraverso la capacità di accettare regole e disciplina.

Un altro segno che abbiamo lasciato nelle scuole di tutta Europa, grazie alla missione sulla stazione, riguarda un "esperimento in mini serra", dove sono state fatte crescere delle piantine di *Arabidopsi thaliana*, un nome difficile per una semplice erba dei prati. Io in orbita avevo la mia mini serra spaziale e a terra centinaia di scolaresche in tutta Europa avevano mini-serre simili. Nel giorno stabilito, c'è stato un collegamento video con lo Spazio e assieme abbiamo "attivato" le nostre serre, cioè abbiamo annaffiato i semi e cominciato le osservazioni. Queste osservazioni sono state poi messe su un sito web e paragonate fra di loro per evidenziare differenze tra le piantine in orbita e quelle sparse nei vari angoli dal Nord al Sud dell'Europa.

In orbita, così come in molte altre scuole a terra, si

sono formate strane muffe e la maggior parte delle piantine non è cresciuta, dando un ulteriore spunto di riflessione e studio.

Alle migliaia di ragazzi che hanno partecipato a questo grande esperimento collettivo su larga scala, un vero e proprio progetto di collaborazione Spazio-Terra, ho detto che a completare gli esperimenti degli astronauti saranno i loro dati e le loro osservazioni. Attraverso questi faremo meglio in futuro.

Quindi, abbiamo già cominciato a seminare il futuro, a far crescere lo spirito scientifico negli scienziati del domani che dovranno affrontare nuove missioni e sfide tecnologiche.

Ottimizzare il tempo

Consigli spaziali per la vita quotidiana

Pianificare la giornata ideale

La Stazione Spaziale Internazionale (ISS) è una costruzione fuori dal mondo creata appositamente per fare esperimenti scientifici sulla quale, trovandosi in orbita attorno alla Terra, ci sono condizioni che sulla Terra non esistono. Data la posizione non proprio facile da raggiungere, abitualmente ci si resta per periodi di circa sei mesi nei quali essa diventa il laboratorio-casa dove si lavora e si vive.

Il tempo locale di riferimento, ovvero quello su cui sono sincronizzati i nostri orologi e la nostra pianificazione giornaliera, è l'UTC (Tempo Universale Coordinato), detto anche GMT (Greenwich Mean Time). In altre parole, l'ora solare di Londra. È stato deciso l'utilizzo a bordo di quest'orario di riferimento poiché esso è l'orario medio rispetto a quello dei vari centri di controllo dislocati negli Stati Uniti, in Russia, Europa e Giappone. Questa scelta, inoltre, facilita i controllori di volo russi che altrimenti avrebbero delle difficoltà a raggiungere il loro centro di controllo, dato che la metropolitana moscovita è ferma dall'una di notte alle 5.20 del mattino.

La pianificazione giornaliera è fatta a terra da un gruppo specializzato a Houston che raccoglie le richieste provenienti da svariate parti del mondo per lo svolgimento delle varie attività a bordo e le sposa con le risorse disponibili (anche noi astronauti siamo considerati al pari di una risorsa come l'acqua, l'ossigeno, la corrente, ecc.). È un lavoro complicato e tedioso che alla fine produce una serie di "blocchi" incastrati attentamente uno dietro l'altro in un'agenda elettronica.

È difficile parlare di giornata-tipo in quanto tutte le giornate sono un po' speciali, ma possiamo dire che in generale la giornata-tipo comincia con la sveglia alle 6.00, seguita da un blocco di un'ora e mezzo chiamato "dopo-sveglia" e usato a piacimento per svegliarsi, fare colazione, lavarsi e preparare le attività giornaliere studiando la pianificazione del giorno arrivata a bordo durante la notte.

Alle 7.30 si parte davvero: comincia la Daily Planning Conference, una teleconferenza tra l'equipaggio e tutti i vari centri di controllo sparsi per il mondo. Qui si discute la pianificazione giornaliera, si chiariscono i punti lasciati in sospeso la sera prima e si parla di aspetti particolari delle attività previste per la giornata. Di solito dura circa una ventina di minuti.

Si comincia poi con il lavoro ufficiale, cercando di seguire i blocchi pianificati da terra. Di fatto, ci è concessa un po' di flessibilità e questi blocchi possono essere spostati o cambiati di sequenza dall'equipaggio a patto che siano completati entro la sera e che non siano "con il bordo blu". Le attività così evidenziate devono essere eseguite esattamente quando programmate dalla pianificazione perché in genere richiedono delle risorse che sono disponibili solo in quel momento (per esempio collegamenti radio o la presenza di scienziati a terra). Intorno alle 13.00 è prevista una pausa pranzo di un'ora (che raramente si riesce a fare). Nell'arco della giornata lavorativa sono di solito previste due ore di esercizio fisico. Alle 19.00 si svolge la Evening Planning Conference, un'altra teleconferenza con i vari centri di controllo dove si commenta la giornata. Di solito finisce alle 19.30. C'è poi un'ora riservata alla cena seguita da un periodo di un'ora e mezzo chiamato "pre-sonno", durante il quale si svolgono attività personali come leggere la posta elettronica e fare telefonate. Alle 22.00 si dovrebbe "andare a letto" (per modo di dire, perché si dorme galleggiando nel vuoto, senza potersi sdraiare sul materasso) per sfruttare tutte le otto ore di sonno previste.

Questa, in sintesi, la nostra giornata, che in pratica è organizzata momento per momento da terra. A bordo prendiamo visione della nostra pianificazione tramite uno speciale software che ci permette di accedere direttamente alle procedure specifiche e alle note speciali esecutive assegnate a ogni attività. Inoltre, attraverso questo programma, marchiamo ogni blocco come "iniziato", "cancellato", "rimandato", "completato" e aggiungiamo note e osservazioni utili al personale a terra (quando non lo facciamo direttamente via radio).

Nella nostra giornata lavorativa, cioè dalle 7.30 alle 19.30, circa il 50 per cento delle attività pianificate sono rivolte al mantenimento della stazione, che è come un'enorme fabbrica-casa da accudire e conservare in ogni suo aspetto. E questo senza l'ausilio delle strutture e dei servizi che nelle nostre case terrene sono forniti dall'esterno (energia e acqua per esempio).

E non è un gioco da ragazzi.

Bisogna fare le pulizie, tenere in ordine gli strumenti di bordo, insomma fare un po' di manutenzione ordinaria. Inoltre, quando si rompe qualcosa sia all'interno sia all'esterno, bisogna intervenire direttamente per rimettere le cose a posto. E lo devi fare tu, perché da lassù non puoi certo chiamare né l'idraulico né l'elettricista!

Un altro 40 per cento del nostro tempo è dedicato agli esperimenti scientifici, che sono la ragione primaria dell'esistenza della Stazione. Sulla Stazione ci sono quattro laboratori: uno americano, uno europeo (chiamato "Columbus" in onore di Cristoforo Colombo), uno giapponese e uno russo.

In ognuno di questi ci sono apparecchiature che permettono di fare esperimenti nei campi più svariati: dalla fisiologia alla biologia, dalla fisica alla scienza dei materiali, ecc. Ogni strumento permette di fare cose nuove e diverse che gli scienziati hanno progettato e richiedono di effettuare in assenza di peso.

Durante il resto del tempo facciamo un po' di esercizio fisico perché il corpo, in assenza di gravità, tende a deteriorarsi, e siamo impegnati in attività educative e sociali, come parlare via radio con scuole di ogni genere e grado o partecipare a interviste e a programmi radio-televisivi. Occasionalmente abbiamo videoconferenze con personalità di spicco.

Alla sera, dopo la Evening Planning Conference, si cena e poi, prima di andare a letto, svolgiamo attività personali come: leggere-rispondere a mail, registrare video o tracce audio, navigare in Internet o anche twittare, attività che mi è piaciuta molto.

Ciò accade per cinque giorni la settimana, da lunedì a venerdì. Il sabato e la domenica la pianificazione è ridotta al minimo per lasciarci un po' di tempo per ricaricare le batterie prima di ricominciare.

Anche fuori dall'atmosfera terrestre, fra le stelle, si può organizzare una serie di attività che assicurano una certa routine.

Quando ci si sveglia alle 6.00 non ci sono la brioche e il caffelatte o la pancetta, il burro e la marmellata, ad attenderti. Da un lato perché te li devi preparare tu, dall'altro perché ti devi accontentare di ciò che c'è nella cambusa di bordo. E poi in orbita abitudini quotidiane molto semplici, come per esempio fare colazione, possono essere causa di problemi seri.

Un problema, infatti, emerso subito già dai primi giorni di volo, era che se facevo esercizio fisico con il tapis-roulant prima che fossero trascorse due ore dall'assunzione di liquidi o cibo, non passava molto tempo prima che dovessi sospenderlo, di solito per i conati di vomito che mi procuravano cibo e liquidi che ballavano nel mio stomaco.

Bisogna sapere che durante il volo dobbiamo fare due ore di esercizio fisico al giorno: un'ora di esercizi cardiovascolari, ovvero cyclette o corsa su tapis-roulant, e un'ora di esercizi di resistenza, ovvero sollevamento pesi (che sembra quasi una contraddizione dato che in orbita siamo in assenza di peso). Come esercizio cardiovascolare preferivo di gran lunga il tapis-roulant. Innanzitutto perché questa attività mi risultava più facile: riuscivo a correre per mezz'ora senza problemi a 13 chilometri all'ora, cosa che non riesco a fare sulla Terra. Con la cyclette invece accadeva esattamente il contrario: per ottenere le stesse prestazioni terrestri di tempo e velocità dovevo sudare le proverbiali sette camicie e arrivavo alla fine dell'esercizio completamente esausto. Morale della favola: tutte le volte che potevo usavo il tapis-roulant invece della cyclette.

La nuova abitudine era quindi iniziare la giornata con l'esercizio fisico e poi fare colazione. Anche se avevo richiesto che la mia pianificazione giornaliera fosse modificata per assecondare tale necessità, non sempre era accolta nel programma che ci arrivava. Fortunatamente, come già detto, entro certi limiti era possibile modificare l'ordine della maggior parte delle attività. A volte addirittura iniziavo l'esercizio fisico subito dopo essermi svegliato, in modo da finire i 40 minuti di corsa in tempo per iniziare il consueto meeting mattutino con i centri di controllo.

La mia colazione preferita, in orbita, consisteva di fiocchi d'avena con zucchero di canna o mirtilli, frutta secca come nocciole o mandorle, uno yogurt in bustina. A volte rimediavo una *vegetable quiche* disidratata: una specie di tortino a base di uova, formaggio e verdura, come spinaci o cavolfiori. Molto buona, ve la consiglio!

A terra di solito bevo tè non zuccherato, in quantità industriali. A bordo, però, il tè disponibile senza zucchero era praticamente imbevibile in quanto molto carico e aspro, e quello zuccherato era davvero... zuccherato. Insomma, dopo vari tentativi mi sono adattato a bere acqua e qualche volta del succo di arancia (anch'esso molto zuccherato).

Il pranzo di un'ora era pianificato intorno alle 13.00. Di solito da terra cercavano di fare in modo che la maggior parte dei membri dell'equipaggio potesse pranzare alla stessa ora per offrire loro la possibilità di socializzare. Cosa che quasi sempre non era possibile e, se anche lo era almeno a livello di pianificazione, poi nella realtà raramente succedeva. Infatti, all'ora di pranzo non suona la sirena, si blocca tutto e si va in mensa. Se sei tanto preso da un'attività, di solito cerchi di portarla a termine. Capitava spesso di essere in ritardo rispetto alla pianificazione perché era facile sforare i tempi previsti, solitamente ottimisti, e accumulare ritardi. Il risultato era che l'ora di pranzo veniva in genere usata per recuperare il tempo perso e la pausa vera per pranzare non durava più di una decina di minuti, quando non saltava del tutto... A bordo si usava spesso l'espressione: "L'esperimento tal-dei-tali si è mangiato il mio pranzo!".

La cena era prevista dopo la fine della Evening Planning Conference. Se la giornata non era stata massacrante, prima della conferenza si riusciva a trovare il tempo per scegliere i cibi dalla cambusa già selezionati, reidratarli e infilarli nello scaldavivande. Cosicché, al termine della conferenza e dopo aver svolto le attività aggiuntive che inevitabilmente il centro di controllo ci chiedeva di fare, si cenava assieme, magari guardando il telegiornale registrato o una puntata di una miniserie televisiva che ci avevano inviato da terra.

In seguito a varie ricerche e sperimentazioni, la NASA ha dimostrato che questa pianificazione giornaliera rappresenta la sequenza ideale per ottenere a lungo dagli astronauti un buon rendimento: cinque giorni lavorativi, ognuno composto da dodici ore di attività di cui otto lavorative, una per le comunicazioni pre e post-lavoro, una per il pranzo e due per l'esercizio fisico, e da dodici ore di attività quali pre-sonno, riposo notturno e post-sonno, che includono pulizia personale, colazione e cena, e altre occupazioni private; due giorni festivi nei quali le attività pianificate sono ridotte al minimo e si ha del tempo libero a disposizione, spesso dedicato volontariamente agli esperimenti o ad attività educative.

In pratica, la giornata-tipo di un astronauta è un buon mix tra pianificazione e auto-organizzazione del "tempo libero", tra lavoro sperimentale, manutenzione ordinaria della stazione e attività di mantenimento fisiologico. Una buona formula, che credo potrebbe essere valida anche per organizzare il tempo sulla Terra.

Com'è la tua settimana-tipo sulla Terra?

La ginnastica non è un optional

La tua giornata prevede un po' di tempo da dedicare al mantenimento fisico? È per te una necessità o un piacere?

Parte del lavoro di un astronauta consiste in un impegno fisico giornaliero di circa due ore dedicato al "physical fitness". La "ginnastica nello Spazio" non è un divertimento fine a se stesso, un'iniziativa personale, un hobby, quanto piuttosto una necessità di cui non si può fare a meno.

Fare esercizio fisico, quindi, è parte integrante del programma di bordo. Come ho già detto, un'ora è dedicata ad attività cardiovascolari (cyclette, tapis-roulant), e un'altra invece a esercizi di resistenza e trazione muscolare, allo scopo di tenere allenato il sistema cuore-polmoni e sollecitare quello scheletrico-muscolare. La microgravità ha, infatti, degli effetti su entrambi i sistemi. In una situazione di gravità ridotta il cuore si impigrisce e il tessuto osseo e muscolare si indeboliscono. Quindi, per contrastare almeno in parte tale processo degenerativo, il rispetto del programma di mantenimento fisico quotidiano è essenziale.

Quando rendiamo meglio

Dopo la Evening Planning Conference non si può certo uscire a fare una passeggiata fra le stelle o andare a mangiare una pizza con gli amici alla stazione spaziale dietro l'angolo. Ci vorrebbero almeno dodici ore solo per mettersi la tuta spaziale, obbligatoria per garantire la sopravvivenza fuori dalla stazione orbitale!

Quando ho tempo e sono tranquillo, alla sera, da terrestre, cerco di rilassarmi e di passare del tempo con la famiglia o di fare visita a degli amici e magari uscire tutti assieme a cena.

In orbita, prima di andare a dormire, invece di tutto questo, che d'altronde sarebbe impossibile da fare, ci si dedica ad attività personali, come "guardare fuori dalla finestra", scattare foto, gestire la posta elettronica. È in quel momento, ancora denso di attività, che ci riprendiamo un po' della nostra libertà dai comandi pianificati da terra.

Pian piano mi sono accorto che il mio picco di rendimento giornaliero è tra le 6-7 del pomeriggio e le 10-11 di sera, potendo continuare sino a notte inoltrata se necessario. Ciò accade anche quando sono sulla Terra. Spesso la domenica intorno alle 6 mi capita di accendere il "postbruciatore" per incrementare al massimo la mia efficienza e finire di fare le decine di cose che mi ero proposto nel fine settimana. Mia moglie mi dice che in quei momenti mi si accende il motore a getto piazzato sulla schiena. E di solito il sistema funziona. Probabilmente perché diminuiscono i fattori disturbanti intorno a me e riesco a concentrarmi più facilmente: il telefono squilla meno di frequente e ci si rilassa un po' di più. Ma forse non si tratta solo di questo; forse dipende anche da una predisposizione bioritmica. Poi, dopo le 22-23, il mio rendimento cala, ma tra le 19 e le 22 la mia curva di prestazione è al massimo.

Riuscire a individuare il momento di maggior rendimento nell'arco di una giornata può essere veramente utile per affrontare al meglio compiti che richiedono molta concentrazione come scrivere una relazione, analizzare un problema, riorganizzare una pianificazione, fare una telefonata impegnativa.

In orbita, il mio periodo pre-sonno ufficiale durava dalle 20.30 alle 22.00, poi sarei dovuto andare a letto, dormire otto ore, svegliarmi alle 6.00, fare colazione e prepararmi al lavoro che cominciava alle 7.30. Ma siccome la sera rendevo meglio e la mattina prima di cominciare a lavorare avevo bisogno solo di una mezz'oretta per essere pronto al lavoro, proseguivo le attività serali fino all'una circa per poi dormire fino alle 7.00.

Questo tipo di organizzazione mi garantiva solo sei ore di sonno, che, all'inizio della missione, sulla base della mia esperienza a terra, mi sembravano poche. Ho scoperto poi che erano sufficienti per sentirmi riposato e svolgere senza grossi problemi le attività operative del giorno successivo.

Era importante poter usufruire di queste sei ore minime di sonno, cosa che non sempre sono riuscito a fare. Infatti, soprattutto per via di situazioni particolari a causa delle quali sono dovuto rimanere attivo sino a notte tarda, ho accumulato nottate di cinque, o quattro o anche solo tre ore di sonno, rendendomi conto il giorno dopo che non ero lucido come sempre e tendevo a fare errori o a essere più lento del solito.

Era poi fondamentale ogni tanto avere dei "giorni di recupero", ovvero un paio di giorni di fila, normalmente coincidenti col weekend, dove non "puntavo la sveglia" e mi svegliavo la mattina spontaneamente, magari dopo otto-nove ore di sonno.

Importante era anche la capacità di "dormire a comando", ovvero di addormentarmi velocemente una volta deciso di farlo. Per fortuna, come sulla Terra, non ho mai avuto problemi ad addormentarmi o a dormire nella stazione spaziale in condizioni di assenza di peso.

Io sono dovuto andare in orbita per capire esattamente quando rendo meglio sul lavoro e quante ore di sonno mi occorrono davvero.

Tu hai mai pensato a questa cosa?

Addormentarsi nello Spazio è in genere abbastanza facile perché non dovendo contrastare la gravità si è sempre in uno stato privo di tensione muscolare, per cui si è naturalmente rilassati. Ci si può addormentare fluttuando, e se ti addormenti "in piedi o seduto" non ti cade la testa di lato e non rischi di svegliarti bruscamente con la sensazione di stare per cadere.

Ciò succede a terra perché, salvo che tu non sia sdraiato, la testa è sempre sostenuta dai muscoli del collo che la mantengono in equilibrio sulla spina dorsale. Si vede subito quando uno si addormenta durante una riunione perché la sua testa comincia a danzare in un susseguirsi di lente cadute e brusche risalite. Niente di tutto questo accade in orbita dove ci si addormenta facilmente durante una teleconferenza noiosa senza che nessuno se ne accorga, a patto che non si cominci a fluttuare nel bel mezzo dell'astronave, di solito verso una bocchetta di aspirazione, cosa che fa divertire tutti!

Ma se da un lato addormentarsi è facile e a volte può essere imbarazzante, "andare a letto" può essere più complicato e l'assenza di gravità può causare qualche inconveniente. Per esempio, alcuni miei colleghi sono così abituati ad appoggiare la testa sul cuscino che non riescono ad addormentarsi senza questa forma di pressione indotta dalla forza di gravità.

Per chi vuole, sullo Space Shuttle c'è a disposizione un cuscino: una specie di mini scatola da scarpe allungata munita di una fascia. Inserendo la testa fra la scatola e la fascia si posiziona il cuscino sulla nuca con l'effetto di "sentire" la testa appoggiata al cuscino anche se in effetti è la testa a tenerlo su. La fascia, poi, collocata sugli occhi, ha il compito di schermare la luce esterna perché la notte, in orbita attorno alla Terra, dura più o meno 30 minuti.

Il problema della luce è anche dovuto al fatto che sullo Shuttle si campeggia dove ci si trova e non c'è un vero e proprio spazio privato e isolato in cui sentirsi a casa propria. Sulla stazione spaziale invece sì, e si chiama Crew Quarter, ovvero "cuccetta personale": sostanzialmente una mini cabina telefonica insonorizzata e ventilata, dove è possibile stare al buio o avere luce indipendentemente dal resto della stazione e senza dare fastidio a nessuno.

Al tuo arrivo sulla stazione l'arredamento è povero: una lampada, due laptop (uno di lavoro e l'altro di svago) e due altoparlanti collegati alla radio e al sistema di notifica delle emergenze. Le pareti, il soffitto e il pavimento di alluminio e fibra di vetro sono ricoperti da una specie di coperta bianca trapuntata ignifuga che serve anche da insonorizzante, sulla quale sono cuciti dei tasselli di velcro e da cui ogni 60 centimetri escono dei punti di ancoraggio con dei piccoli anelli. La maggior parte di questi anelli è usata per fissare grossi elastici da pacchi che formano una fitta ragnatela che ricopre quasi tutta la superficie interna della cabina. Questa ragnatela funge da scaffale o appendiabiti, ed è molto utile per mantenere fermi oggetti che altrimenti volerebbero via.

Dei due laptop uno è collegato al canale di trasmissione ufficiale in modo da poter vedere e gestire i sistemi di bordo, mentre l'altro, che contiene le applicazioni software personali, si può collegare a un computer a terra attraverso il quale ci si aggancia a Internet. Su una parete del Crew Quarter ci va il tuo "sacco a pelo senza pelo".

Con il passare del tempo spetta a te completare l'arredamento come meglio credi con parte dei tuoi vestiti e oggetti personali, le foto della tua famiglia e per alcuni del cane o dei vicini. Consente una privacy minima ma possibile, dove ti puoi cambiare, parlare indisturbato al telefono, girovagare in Internet e staccare un attimo la spina quando necessario.

Io ci avevo posizionato in bella vista tre timer elettronici simili a quelli utilizzati in cucina, che si possono impostare a piacere con una serie di allarmi.

I miei erano sincronizzati uno sull'ora di Houston, uno su quella europea e uno sull'UTC, la nostra ora sulla stazione spaziale. I primi due mi servivano per sapere se potevo chiamare qualcuno al telefono senza svegliarlo di notte (o per farlo consapevolmente), l'ultimo per sapere l'ora corrente della Stazione e puntare la sveglia per la mattina.

Infine nel Crew Quarter tieni anche parte del tuo kit di pulizia personale e la tua farmacia individuale, che sono lanciati in orbita con te e che trasferisci dalla navicella alla Stazione. La farmacia individuale contiene un approvvigionamento per una ventina di giorni circa di vitamine, analgesici, coadiuvanti del sonno, ecc., utili per essere un po' indipendente senza dover attingere alla dispensa generale in caso di necessità.

Per dormire ci si infila in una specie di sacco a pelo senza pelo, che assomiglia a un bozzolo dotato di cerniera verticale per l'accesso e due fessure laterali per far uscire le braccia fuori se uno vuole. All'esterno sulla circonferenza laterale ogni 30 centimetri ci sono degli occhielli attraverso i quali è possibile fissarlo a piacimento.

Io usavo solo i due occhielli alla base, in corrispondenza dei piedi, lasciando il resto libero di fluttuare. Ma dormire così, appeso per i piedi, un po' come un pipistrello, e senza sentire il "materasso", può dare fastidio. Alcuni miei colleghi astronauti cercavano di ovviare al problema tendendo degli elastici sopra il bozzolo in modo da avere, con il corpo parzialmente schiacciato contro la parete, la sensazione del materasso e di essere avvolti dalle coperte.

Senza contare poi che nel momento in cui ti addormenti al buio, e in quello subito successivo alla sveglia, ti senti esattamente come se fossi in caduta libera, che è la condizione fisica effettiva nella quale ci si trova in orbita. Un po' come quando scendi distrattamente le scale e manchi un gradino. C'è quel secondo in cui ti manca il fiato e sembra che il mondo stia cadendo. Ecco, è proprio così, solo che dura sei mesi...

E tu come dormi? Ti serve veramente sentire il materasso e le coperte e addormentarti in una posizione specifica?

Farsi la doccia senza la doccia

Il fatto che nello Spazio l'acqua, se lasciata libera, si disperde velocemente in tutte le direzioni e non scorre verso il basso, ci condiziona pesantemente e sconvolge la normale pratica igienica quotidiana.

Sarebbe bello, al mattino e a fine giornata, concedersi una bella doccia anche al di fuori dell'atmosfera terrestre. Ma l'assenza di gravità fa in modo che il meccanismo terrestre della doccia, cioè del getto d'acqua che ti lava scorrendo dalla testa ai piedi portandosi via sporco e sapone, non funzioni. In orbita l'acqua non fluisce, rimane in sospensione e un getto d'acqua che ti viene addosso ora rimbalza contro il tuo corpo in tutte le direzioni, ora si ferma su di esso formando grandi bolle. Potresti addirittura annegare se una di queste bolle ti coprisse il naso e la bocca impedendoti di respirare!

Anni fa gli ingegneri della NASA hanno provato a costruire una doccia spaziale, una specie di mini camera in plexiglass munita di cipolla dispensatrice e getto d'aria continuo. Alla fine però, dopo aver investito un'ingente quantità di tempo e denaro per costruire e testare diverse apparecchiature mega-futuristiche, hanno dovuto abbandonare il progetto in quanto, nonostante le notevoli risorse investite nel cercare di costruire la doccia spaziale, non si è riusciti a trovare una soluzione che funzionasse in maniera soddisfacente. Per non parlare poi dello spreco di acqua che in orbita è una risorsa veramente preziosa!

Per il momento, quindi, fare la doccia in orbita è un lusso che non ci possiamo permettere. Anche se questo non vuol dire che non ci si lavi! Dopo il fiasco della doccia spaziale, la soluzione adottata è stata quella di prendere una salvietta, inumidirla un po' con una soluzione di acqua mista a sapone liquido batteriologico, e passarsela sul corpo. Diversi passaggi sulla pelle assicurano una buona pulizia, rimuovono le cellule morte e stimolano la circolazione sanguigna cutanea. Ci si sente veramente rinvigoriti dopo una doccia simile!

Anche per lo shampoo è stata trovata una soluzione spaziale. A dire la verità si ricorre a un prodotto disponibile sulla Terra, chiamato "shampoo secco", che è commercializzato come "shampoo per coloro che non hanno acqua", cioè campeggiatori e sportivi, alpinisti impegnati nella scalata di una parete per esempio, o persone bloccate a letto. Lo "shampoo secco" non è veramente tale perché consiste in un liquido, di nuovo acqua e detergente, contenuto in una bottiglietta di plastica con un piccolo beccuccio dal quale è possibile fare uscire una quantità controllata di liquido. Dipende da quanti capelli hai, ma per me, con i capelli corti, erano sufficienti un paio di bolle di shampoo ognuna delle dimensioni di una noce. Te le metti sui capelli e frizioni con attenzione per evitare che parte del liquido si stacchi e vaghi per la navicella facendo danni. Se si procede così, il liquido si emulsiona e "miracolosamente" riesce a bagnarti tutti i capelli detergendoli. Devi farlo abbastanza velocemente perché con il calore della testa il liquido tende a scaldarsi e a evaporare. Quindi, dopo qualche minuto di frizione, prendi una salvietta pulita e ti asciughi la testa. *Et voilà*, il gioco è fatto!

Lavarsi i denti, invece, è una cosa abbastanza terrestre, a parte il finale. Si comincia usando spazzolino e dentifricio come sulla Terra, possibilmente meno dentifricio del solito. Una pallina delle dimensioni di un pisello è più che sufficiente. Fin qui tutto ok. I problemi nascono al momento di risciacquare la bocca e sputare, quando non c'è acqua corrente per farlo. Si prende quindi un po' d'acqua e ci si risciacqua la bocca, ma invece di sputarla la si manda giù... Una cosa che ti raccomandavano di non fare da bambino. Bene, nello Spazio ti puoi prendere la rivincita e finalmente dire: "Ho mangiato il dentifricio!". Sapendo questo, è meglio richiedere un dentifricio dal sapore gradevole: fragola, menta, mela verde o quello che preferisci... altrimenti ti trovi come ho fatto io a ingoiare per sei mesi un dentifricio dal sapore di "dentista"!

Una volta finita la toeletta, prendi le salviette umide e le "stendi", cioè le appendi vicino al bagno, affinché si asciughino e possano essere riutilizzate: te ne spettano due, una media e una piccola per settimana. Inoltre, l'acqua che evapora è ricondensata dal sistema di deumidificazione e inviata a quello di depurazione per essere rimessa in circolo e riutilizzata. Questo sistema di depurazione è molto sensibile ai composti chimici, soprattutto a quelli contenuti nello shampoo. Tant'è vero che ci sono delle limitazioni d'uso: una bottiglietta di shampoo da poco meno di mezzo litro deve durare almeno un mese e mezzo!

Cosa fai questo weekend?

A dire il vero arrivi alla fine della settimana un po' "cotto" e la cosa più bella del weekend è che ci sono poche attività ufficiali e che la stragrande maggioranza di queste non sono "con il bordo blu", cioè le puoi fare quando meglio ti pare. La cosa però che forse mi piaceva di più era quella di non puntare la sveglia e aprire gli occhi da solo senza il suo insistente *bip bip*. Per me questo funzionava da vero ricarica-batterie!

In teoria, il weekend è un periodo di riposo e recupero, che l'astronauta può dedicare alle sue attività preferite. Per esempio, una pulizia personale accurata che può comprendere anche il taglio dei capelli o delle unghie (una delle cose più difficili da fare in orbita).

In pratica, ci sono da svolgere alcune attività ufficiali come la manutenzione ordinaria periodica della stazione, per cui l'astronauta si trasforma in una specie di colf che fa le pulizie di "casa".

Armati di aspirapolvere spaziale si puliscono tutti i vari filtri della stazione. Ce ne sono diverse decine sparse per i vari moduli e sono sempre pieni di piccoli detriti come pelucchi, piccoli fili, briciole e pezzi di cibo, piccole squame di pelle, e così via. Ogni tanto durante queste pulizie si ritrovano pezzi, come viti o bulloni o addirittura utensili, persi durante la settimana. Bisogna aspirare con attenzione perché se la "nuvoletta di polvere" si spande di nuovo, potrebbe essere rilevata da un sensore di fumo ed essere scambiata per un prodotto di combustione, generando un falso allarme di "fuoco a bordo" (cosa peraltro successa più di una volta). Non bisogna dimenticare inoltre nessun filtro: i detriti rallentano il flusso d'aria e le ventole fanno più fatica a girare con il risultato di consumare più corrente e produrre più calore. È successo che un ventilatore associato a un filtro "dimenticato" si sia surriscaldato così tanto da andare a fuoco prima che il sistema di rilevamento del fumo intervenisse togliendogli corrente!

Finita la pulizia dei filtri, si usano delle salviette disinfettanti per pulire tutti i corrimano della stazione che in condizioni di microgravità sono usati sia per le mani sia per i piedi. Si disinfettano con cura l'area del bagno e alcune zone sottoposte a maggiore uso come il modulo dove si cucina e mangia (si puliscono con attenzione le macchie di cibo e caffè) e le aree dove si fa esercizio fisico (si trovano macchie secche di sudore). Il tutto per evitare indesiderate forme di crescita batterica.

Si svuotano i "cestini", cioè contenitori per l'immondizia, sparsi per i vari moduli. Quindi si detergono e ripuliscono gli effetti personali e si cambiano gli abiti "gettando" quelli sporchi (che nello Spazio non si lavano). Poi si controllano e riempiono i contenitori di cibo della cambusa, attività che da sola porta via un paio d'ore.

Ogni tanto si puliscono i sensori delle macchine fotografiche che nello Spazio si sporcano molto più facilmente e velocemente che sulla Terra.

Nel weekend si fa anche la "videoconferenza famigliare" durante la quale hai la possibilità di vedere e dialogare con la tua famiglia. Di solito è pianificata per 15 minuti, ma se il collegamento satellitare è disponibile e non ci sono altre priorità di servizio, può essere prolungata senza grossi problemi. Per me, l'Agenzia Spaziale Europea aveva installato un terminale a Houston, dove mia moglie e mia figlia solitamente vivono, e uno in Italia vicino a Milano, nella casa di mia madre. A turno, una settimana per uno, potevo vederle, parlare con loro e anche condividere la bellezza della Terra vista dallo Spazio. Sono momenti veramente importanti per il benessere sia dell'astronauta a bordo sia delle famiglie a terra. In particolare, questo collegamento si è rivelato fondamentale quando, per una malattia improvvisa, mia madre è venuta a mancare nel giro di poche settimane.

Nonostante tutte queste cose, rimane sempre del tempo libero che la maggior parte di noi dedica a fare foto e a ritoccarle.

Per finire, quasi ogni settimana, da terra ti chiedono se sei disposto a fare della *voluntary science*, cioè mettere a disposizione dalle due alle quattro ore del tuo tempo di riposo per effettuare degli esperimenti o delle attività didattiche/educative che altrimenti non potrebbero essere realizzate per mancanza di tempo. Ho sempre ritenuto doveroso rendermi disponibile anche se ben presto ho imparato che la cosa non sempre filava liscia e poteva facilmente finire col "mangiarsi" buona parte del tuo weekend. Per esempio, se su richiesta di alcuni studenti ti chiedevano di filmare delle piccole dimostrazioni in assenza di peso, potevi pensare di cavartela con un impegno di un paio d'orette. In realtà la maggior parte delle volte ci impiegavi il doppio se non il triplo di tempo perché prima dovevi sistemarti, cambiarti e fare la barba (cosa che di solito cercavi di non fare nel weekend) e assicurarti che la stazione fosse in ordine (difficile da fare mentre ci sono le pulizie in corso). Dovevi inoltre trovare tutte le scenografie adeguate e gli attrezzi che ti servivano, e poi rimettere tutto a posto. C'era poi la "sindrome da paperissima": per qualche motivo, se andavi in diretta tutto procedeva bene, ma se registravi dovevi rifare la stessa scena innumerevoli volte, anche più di una dozzina, prima che ne venisse una come volevi o perlomeno senza papere.

Mangiare è solo nutrirsi?

A dire il vero il cibo a bordo della stazione soddisfa pienamente quelli che sono i requisiti fisiologici di apporto di nutrienti e contenuto calorico necessari al mantenimento della vita. Ma sappiamo benissimo, soprattutto noi italiani, che il cibo non è solo nutrimento per il corpo! Oggi come oggi, se vuoi fare l'astronauta, devi dimenticare il tuo piatto preferito: arrosto in salsa piccante, risotto alla pescatora, osso buco o fritto misto fumante. Infatti, a fronte di tanta tecnologia e organizzazione scientifica, non si può dire che la cucina sia all'altezza della situazione.

Per cominciare non abbiamo uno chef a bordo che ti prepari quello che vuoi, e non disponiamo di materie prime e strumenti per cucinarle, ma dobbiamo affidarci a cibi preconfezionati preparati a terra. Ci sono altre limitazioni tecniche come il fatto che il cibo non può essere refrigerato (non c'è il frigorifero a bordo) e che, essendo forzatamente preparato mesi prima del suo consumo, deve avere una lunga *shelf life*. Il che vuol dire ridotta selezione di alimenti, particolari accorgimenti di preparazione o cottura e aggiunta di conservanti.

Occasionalmente, con le navicelle di rifornimento, viene spedita della frutta fresca come arance, mele, limoni, che deve però essere consumata quasi immediatamente all'arrivo e vale più come supporto psicologico che come nutrimento vero e proprio.

Il cibo disponibile è in genere preparato a terra in cinque modi diversi:

– Liofilizzato, cioè sottoposto a un processo di termo-vuoto tramite il quale l'acqua è totalmente rimossa. Di questa categoria fanno parte verdure, riso, pollo, frutta e tutte le bevande;

– Termostabilizzato, cioè pre-cotto e sigillato in lattine o bustine. Minestre, yogurt, carni, vegetali, tonno, salmone, dolci con marmellate;

– Irradiato, cioè cotto e sterilizzato attraverso esposizione a radiazione. Bistecche di manzo e tacchino.

– Parzialmente secco, cioè contenente parte dell'umidità. Pesche, pere, albicocche.

– Naturale, cioè imbustato così com'è in quanto stabile per natura. Frutta secca, biscotti, gallette, cioccolato.

Vale la pena ricordare che i primi cibi liofilizzati sono nati giusto in concomitanza con le prime missioni spaziali. Addirittura il caffè liofilizzato è stato inventato proprio per le esigenze degli astronauti che dovevano andare in orbita ed è una delle prime "innovazioni" spaziali che hanno avuto una grossa ricaduta nel quotidiano.

Come italiano, forse ho sofferto di più rispetto ad altri colleghi astronauti della mancanza di sapori semplici e genuini e di quello che noi definiremmo "buon cibo", che è differente dal cibo – sicuramente buono – disponibile sulla stazione. Per russi e americani, infatti, la bontà di ciò che si mangia non è una priorità perché nella loro cultura il cibo ha un valore quasi esclusivamente nutrizionale e sono secondari, se non inesistenti, i fattori di appeal sensoriale e soddisfazione gustativa.

Negli Stati Uniti, in particolare, il food di vera qualità è raro e, inoltre, la disponibilità alimentare segue degli stereotipi etnici ed enogastronomici quasi sempre banali e rigidi, per cui la cucina italiana è connotata e consumata con eccessi che da noi sarebbero impensabili, come la presenza travolgente di aglio in qualunque piatto targato Italia. Sembra quasi che in America non si possa parlare di cibo italiano se non svieni per le zaffate di aglio. Mi diventa difficile spiegare che in Italia l'aglio si usa in modo parsimonioso, disciplinato, equilibrato e solo per esaltare il sapore del cibo, non per sopraffarlo! Senza parlare poi delle pastasciutte o lasagne, dove pasta di qualità pessima e completamente scotta viene disperatamente annegata in un sugo esageratamente zuccherato. E questo standard di preparazione si riflette nei cibi "italiani" a bordo, alcuni appena passabili, altri del tutto immangiabili, come i tortellini o gli *italian vegetable* che francamente non ho ancora capito cosa siano. Il disordine alimentare non riguarda solo la qualità ma anche la sequenza con la quale i cibi vengono ingeriti, la frequenza dell'alimentazione, l'uso smisurato degli snack per placare all'istante i morsi della fame senza tanti complimenti e senza osservare le regole alle quali a tavola noi siamo abituati. E un uso sfrenato e costante di caffè, specialmente perché a bordo non c'è la Coca-Cola.

Del resto questo disordine alimentare lo si può notare anche sulla Terra. Avete mai notato come mangiano gli americani? Eppure non sono insensibili alla qualità del cibo, quando capita loro di incontrarla per strada. Ma certe cattive abitudini sono inveterate: non osservare orari prefissati, cominciare a pranzare o cenare dal dolce, e via dicendo. E queste abitudini le portano tranquillamente in orbita.

Naturalmente l'alcol a bordo è proibito sotto forma di birra, di vino o di superalcolici.

Ciò è principalmente dovuto al fatto che il sistema di purificazione dell'acqua sulla stazione mal tollera l'alcol e ha serie difficoltà a smaltirne quantità oltre un certo livello. Già le salviette disinfettanti, i saponi e gli shampoo contengono percentuali di alcol e difatti esistono delle limitazioni nel loro uso. E quindi ogni forma di alcol aggiuntiva è vietata.

In effetti, sono convinto che questa spiegazione sia un po' forzata e che il divieto di consumare alcol sia perlopiù dovuto all'approccio peculiare della cultura anglosassone e russa per cui non esiste la capacità di bere con moderazione, di bere poco ma buono e per piacere, non per stordimento. Sono convinto che se tutti bevessero "alla mediterranea", cioè un bicchiere di vino ai pasti, la qualità della vita migliorerebbe e lavoreremmo tutti più efficacemente. E il sistema di bordo non ne soffrirebbe!

I rifornimenti a bordo arrivano circa ogni mese per mezzo di navicelle che partono o dalla Russia o dal Giappone o dall'Europa (a dire il vero le navicelle europee partono dalla Guyana Francese in Sudamerica). Queste navicelle sono come dei TIR che contengono tutto ciò che ti serve nei mesi successivi, compresi l'acqua, l'ossigeno, il carburante, il necessario per gli esperimenti, i vestiti e anche il cibo.

Contengono anche dei "pacchi dono" (che scherzosamente chiamiamo "pacchi della Croce Rossa"), che sono come delle grosse scatole di scarpe contenenti piccole cose mandate dai famigliari e del cibo particolare preparato appositamente per te. L'unico problema è che ti chiedono che cosa vorresti nella scatola almeno un anno prima del volo e francamente mi sono trovato in difficoltà a rispondere. Cosa ne potevo sapere di quello che avrei voluto mangiare un anno dopo nello Spazio? E quando mi veniva in mente qualcosa di preciso, inevitabilmente mi sentivo dire che non era possibile o che era troppo costoso! Una volta, quasi per provocazione, ho detto che avrei voluto portare una bella coscia di prosciutto crudo. Sapete, come quelle che si trovano appese al soffitto dei ristoranti e che ti tagliano a fette per antipasto con il coltello. Non potete immaginare quale scompiglio ciò abbia causato nel sistema NASA! Ho naturalmente rinunciato al prosciutto intero e ho proposto di portare delle fette di salumi appositamente confezionati. Allo scopo, ho trovato un'azienda a nord di Milano, non lontano dalla casa dei miei, che produce prosciutti e salumi e che ha accettato di aiutarmi a portare in orbita un po' dei loro prodotti confezionandoli ad hoc. Trovare il modo di tagliare e impacchettare efficacemente il prosciutto, lo speck e la coppa è stato un gioco da ragazzi in confronto allo sforzo occorso nella produzione di documenti e certificati che non sembravano mai essere sufficienti. Ma alla fine ci siamo riusciti e devo dire che tutto l'equipaggio ha assaporato con piacere queste piccole prelibatezze italiane.

Insomma, direi che attualmente il gusto, la qualità e la disponibilità del cibo sono molto sacrificati rispetto alla funzionalità e alle limitazioni tecniche di trasporto e preparazione. Bisognerebbe lavorare un po' di più per bilanciare le due principali ragion d'essere del cibo: il valore nutritivo e la valenza sociale. Perché, sebbene momentaneamente extraterrestri, anche noi astronauti siamo esseri umani e, come per tutti i comuni mortali, il cibo rappresenta un'occasione di relazione.

Per il futuro mi auguro che il cibo di bordo sia più genuino e gustoso. Non so se si svilupperà mai una gastronomia spaziale, magari attraverso l'applicazione della tecnologia alimentare chiamata "cucina molecolare", che permette preparazioni istantanee e la conservazione di sapore e valore nutrizionale.

Alla fine, però, siamo così impegnati in orbita e ci sono talmente tante cose da fare che il cibo passa in secondo piano. D'altronde non possiamo dire di essere malnutriti. Anzi!

Niente di grave

Come vivere senza peso

Chi non esplora muore

Per quanto mi riguarda la ragione per cui andiamo nello Spazio è semplice: perché lassù troviamo condizioni che non troviamo sulla Terra, e quindi riusciamo a fare cose impossibili sul nostro pianeta. Cose che da un lato ci sono utili e dall'altro ci divertono, ci piacciono. Alla fine, dunque, ci andiamo per utilità e per divertimento. Ci andiamo anche perché non possiamo fare a meno di farlo: l'avventura, il viaggio, la scoperta, sono nella nostra natura.

Esplorare fa parte del nostro essere e non possiamo farne a meno. Questo ci stimola a continuare nel percorso di conoscenza della realtà che ci circonda. La storia ci ha insegnato che le civiltà che si sono espanse e si sono guardate attorno hanno poi acquisito conoscenze e competenze tali da trasformarle in esperienze evolutive di successo. Le altre sono morte, come i dinosauri.

A questo punto vorrei soffermarmi su due aspetti e cioè:

1) in orbita attorno alla Terra non si è soggetti alla forza di gravità, cosa che permette a tutta una serie di piccole forze e interazioni di esprimersi in modo apprezzabile e misurabile;

2) andare nello Spazio è difficile, costoso e pericoloso, cosa che ci obbliga a migliorare le nostre conoscenze in campo tecnologico, a costruire equipaggiamenti sempre più sofisticati e affidabili e a lavorare assieme efficientemente ed efficacemente. Questo sforzo nel fare cose straordinarie percola nelle cose ordinarie di tutti i giorni.

Lo Spazio, quindi, è un laboratorio scientifico unico che ci permette di far avanzare la nostra scienza, tecnologia e conoscenza.

Quanto è greve la gravità

Cos'è la gravità? Detto semplicemente, senza scomodare il nostro amico Einstein, è la forza di attrazione tra due masse. Più grande è una massa, con più forza attrae altre masse. Questo forse spiega perché ognuno di noi, avendo una massa, è attratto da altre persone e perché la maggior parte di noi siano attratti da una Ferrari quando la vedono per strada! Scherzi a parte, tutto attrae tutto, e la Terra, l'oggetto di gran lunga con più massa in questa parte del sistema solare, esercita una forza di attrazione veramente forte su tutte le altre masse che le stanno attorno, che a loro volta rispondono in modo proporzionale alla loro massa. Basti pensare alla forza di attrazione con cui la Terra tiene la Luna "al guinzaglio" e le impedisce di andarsene via, e la risposta della Luna che muove le masse oceaniche sulla Terra! La massa della Terra è molto ma molto grande rispetto a ognuna delle cose che le stanno sopra, va da sé quindi che sulla Terra la forza di gravità terrestre domini e mascheri quasi tutte le altre interazioni tra i corpi, interazioni che comunque esistono (eh sì, ognuno di noi attrae la Terra verso di sé, e ognuno di noi attrae tutto quello che ci sta attorno...).

Noi terrestri facciamo fatica a distinguere tra peso e massa. In effetti la massa è una priorità intrinseca di un corpo, in genere legata alla quantità di materia che questo corpo possiede, mentre il suo peso sulla Terra è dovuto direttamente all'attrazione gravitazionale terrestre. Infatti, se andassimo su Marte, avremmo la stessa massa ma peseremmo circa un terzo, perché la forza di gravità marziana è circa un terzo di quella della Terra.

Nella vita di tutti i giorni generalmente non distinguiamo tra massa e peso e usiamo questi due concetti in modo intercambiabile. Questo stato mentale crea qualche problema nelle prime settimane di permanenza in orbita dove, per effetto del moto della navicella attorno alla Terra, la forza di attrazione terrestre si annulla e quindi si annulla il peso (siamo, infatti, in "assenza di peso"), mentre la massa continua a esistere. Sdoppiare e riallineare questi concetti è uno dei processi di adattamento che bisogna mettere in atto quando si è nello Spazio.

Sulla Terra ci è facile capire che una bottiglia piena d'acqua pesa di più di una bottiglia semivuota. In effetti, siamo abituati sin da piccoli a guardare una cosa e immediatamente a valutarne sia il peso sia la posizione del centro di gravità. Due valori veramente importanti sulla Terra. Il primo ci serve per sapere quanta forza ci occorre per interagire con quell'oggetto, il secondo ci serve per applicare in modo efficace una forza sull'oggetto. Per esempio, se qualcuno ti lancia improvvisamente una bottiglietta d'acqua (cosa che io faccio di solito come dimostrazione), tu in un battibaleno ne valuti il peso, la pericolosità e la traiettoria, e nella maggior parte dei casi la prendi al volo dopo aver deciso che è innocua e pesa poco, oppure ti sposti e la lasci cadere per terra se pensi sia troppo pesante o possa ferirti le mani. Se tu provassi a fare questo esperimento, vedresti che tendi ad aprire la mano mettendola sotto la bottiglia e ad afferrarla nel mezzo, non per il collo. Ciò accade perché valuti che prendendola per il collo ti potrebbe scappare dalle mani. In effetti, senza rendertene conto hai valutato dove la Terra sta applicando la sua forza di attrazione, forza che tira la bottiglia verso il pavimento, e ti stai opponendo a questa nel modo più efficiente, ovvero interponendo e applicando una forza contraria il più vicino possibile a dove è applicata la forza di gravità. Complicato? Sì, a spiegarlo, ma è esattamente quello che fai inconsciamente da quando sei piccolo (dopo aver rotto una serie di bicchieri e bottiglie...). Provaci per rendertene conto!

Sulla stazione spaziale, in orbita attorno alla Terra, la forza di gravità non ha più alcun effetto, e quindi le cose si comportano in modo diverso. Se provi a lanciare un oggetto nelle mani di qualcuno, è facile che tu lo colpisca in faccia. Perché? Perché nel tuo lancio calcoli automaticamente che l'oggetto segua una traiettoria curva, e quindi punti più in alto, di solito alla faccia, per fare in modo che arrivi in mano. Se invece devi ricevere l'oggetto, tendi a mettere le mani parallele al pavimento in attesa che l'oggetto ti cada in mano (e probabilmente ti arriva in faccia...). Come ben puoi immaginare, i primi giorni sulla stazione sono veramente inusuali perché ti devi abituare a re-imparare tutto quello che fino a quel momento avevi fatto in automatico e che aveva a che fare con la forza di gravità. È un processo divertente e a volte esilarante!

Se da un lato si capisce in fretta la relazione tra gravità e gli oggetti con un volume finito (come una bottiglia d'acqua), e quindi ci si adatta più o meno velocemente, ci è più difficile capire cosa succede alle cose con un volume non esattamente definito come un gas. Per esempio, non è facile capire le interazioni tra la fiamma di una candela accesa e la forza di gravità. Sulla Terra sappiamo che ci scottiamo se mettiamo la mano sopra una candela ma che non ci scottiamo se la mettiamo sotto. Se ci pensi bene, di per sé questa cosa non è molto intuitiva. Ma riesci a prevedere cosa succede a una candela accesa nella stazione spaziale? Dove va la fiamma? Ti scotteresti se mettessi una mano "sopra" o "sotto" la candela?

Non è facile rispondere intuitivamente a questa domanda. Se ci si pensa su un po', di solito si arriva a una predizione corretta, che poi invariabilmente si scarta come inverosimile perché controintuitiva...

Per il momento non ti fornisco la risposta al quesito della candela, ma ti dico che in assenza di gravità i gas caldi non vanno da nessuna parte e stanno dove sono, a differenza che sulla Terra, dove vanno verso l'alto. Di primo acchito questa sembra una cosa di poco conto. In effetti, però, ha delle implicazioni veramente notevoli. Per esempio, sulla Terra l'aria che espiriamo (cioè quella che buttiamo fuori dai polmoni) è calda e va verso l'alto rimescolandosi. Sulla stazione quest'aria ti rimane vicino alla bocca, e dopo che l'hai respirata 2-3 volte comincia a essere carente di ossigeno (cosa che di solito fa venire dei grandi mal di testa!).

Ma se la gravità è la forza d'interazione tra due oggetti, vuol dire che anche quando sono in orbita e l'effetto della forza di attrazione terrestre svanisce, comunque sono attratto dalla navicella spaziale, dai miei colleghi, dal dolce alla cannella! E se non c'è più la gravità terrestre che maschera tutto, allora dovrei riuscire a vedere queste attrazioni!

Vero! Queste forze ci sono e hanno un effetto che, sebbene minimo, si riesce a cogliere e misurare. Ecco perché, se vogliamo essere corretti, diciamo che nello

Spazio siamo in condizioni di "microgravità". Nel gergo comune, invece, usiamo termini tecnicamente non corretti quali "0g" (pronunciato come "zero-g"), "assenza di peso", "assenza di gravità", per indicare lo stato di microgravità in cui si trova un oggetto in orbita attorno alla Terra. Anche tu, se vuoi essere preciso, di' che in orbita si è in condizione di "microgravità"!

In caduta libera

Ogni tanto, durante le mie conferenze scolastiche e non, chiedo quanti credano che sulla Terra esistono le "camere a 0g", vale a dire dei simulatori dove semplicemente sia possibile rimuovere la forza di gravità e galleggiare liberamente. Se tu alzi la mano, non sei il solo perché quasi il 50 per cento delle persone lo fa. Ebbene, sulla Terra è molto difficile riprodurre la condizione di assenza di gravità, e comunque quando lo si riesce a fare, ciò avviene solo per pochi secondi (non abbastanza per la stragrande maggioranza degli esperimenti) e per volumi molto ristretti.

L'espressione "assenza di gravità" definisce lo stato nel quale un corpo si trova quando non è soggetto a forze esterne di contatto. Sulla Terra normalmente siamo sempre soggetti a forze esterne di contatto. Per esempio quando, in piedi in una stanza, sei appoggiato al pavimento il quale esercita una forza opposta a quella di gravità. Ma allora basta saltare per evitare che il pavimento tocchi i piedi per essere in "assenza di gravità"! Vero! Se saltando stacchi i piedi dal pavimento, anche solo per un attimo, per quell'attimo ti trovi in assenza di peso. Purtroppo dura troppo poco per fare esperimenti...

Se saltassi, però, in alto per molto tempo, possibilmente con un paracadute, ti troveresti in assenza di peso?

La risposta corretta è sì, ma solo per pochi secondi, perché una volta che hai preso velocità l'aria comincia a farsi sentire ed effettivamente è come se ti appoggiassi su un cuscino (d'aria appunto) che ti frena con una forza esterna di contatto. Infatti, i paracadutisti dopo 400-500 metri di caduta (4-5 secondi) raggiungono la "velocità terminale", cioè la velocità massima possibile in quella determinata posizione. Meno male, altrimenti immaginate che botta al momento dell'apertura del paracadute!

Appena 4-5 secondi di microgravità cominciano già a essere sufficienti per condurre alcuni esperimenti. E, infatti, ci sono dei pozzi o delle torri tubolari alte oltre 100 metri all'interno delle quali può essere fatto il vuoto (appunto per evitare la formazione del "cuscino d'aria) e si possono far cadere delle "gondole" contenenti sia gli esperimenti sia le apparecchiature per misurarli.

Negli ultimi anni in alcuni luna park sono apparse torri di caduta che permettono ai più avventurosi di sperimentare la caduta libera per 3-4 secondi prima di essere frenati bruscamente e depositati a terra. Le avete mai provate? Vi consiglio di farlo, così saprete quello che si prova a essere in 0g. Solo che voi lo sarete per pochi secondi, noi sulla stazione, invece, lo sperimentiamo per sei mesi...

Ma c'è un altro modo sulla Terra che permette di ottenere una condizione di "assenza di peso" un po' più duratura. Si chiama volo parabolico sullo "0g aircraft". Il pilota porta alla massima velocità un aereo passeggeri modificato in modo speciale e poi lo punta verso l'alto. Quando l'aereo non riesce più a salire e arriva in cima a questa parabola, il pilota punta il naso verso il basso facendo in modo di calibrare la velocità di caduta dell'aereo sulla velocità di caduta di oggetti e persone che si trovano al suo interno in modo che queste possano fluttuare nell'aria senza toccare nulla. Questo profilo di volo parabolico consente di avere circa 20-25 secondi di 0g, e si può ripetere ogni paio di minuti fino anche a cento volte in modo da accumulare abbastanza tempo in 0g per fare esperimenti, provare apparecchiature che poi voleranno nello Spazio e, perché no, divertirsi.

Esistono oggi al mondo tre aerei speciali modificati per poter volare con questo tipo di profilo. Uno è negli Stati Uniti (per anni è stato gestito dalla NASA e gli astronauti gli avevano affibbiato il nomignolo di "Cometa del vomito"), un altro opera in Europa (gestito da una società con partecipazione del CNES, l'Agenzia spaziale francese) e l'altro in Russia, gestito da Roscosmos, l'Agenzia spaziale russa. Questi aerei sono attualmente utilizzati per condurre campagne di volo per esperimenti scientifici, per testare apparecchiature che poi voleranno nello Spazio, e anche per portare gente comune che vuole provare l'assenza di peso.

Quelle finora elencate sono le cose possibili oggi sulla Terra nel campo dell'assenza di peso. Ma, in alcuni laboratori di ricerca all'avanguardia, si stanno facendo passi da gigante verso la capacità di costruire delle "camere ad assenza di peso". È abbastanza comune, infatti, vedere filmati di esperimenti in cui piccole masse sono fatte levitare sotto la spinta di superconduttori raffreddati a bassa temperatura. Sono in corso esperimenti, poi, che focalizzando la potenza magnetica in uno spazio concentrato riescono a far fluttuare piccoli oggetti e organismi come una fragola, una rana o un topo. Chissà mai che in futuro riusciranno a far levitare anche noi!

Tutto questo, però, assomiglia solo lontanamente alla condizione che si trova in orbita nella stazione spaziale grande quanto un campo di calcio e pesante 450 tonnellate in costante caduta libera verso la Terra. Com'è possibile che questo po' po' di roba si trovi veramente in assenza di peso?

Gli ingegneri, con il loro modo di fare pragmatico, spiegano questa condizione come il risultato del bilanciamento della forza di gravità con la forza centrifuga prodotta dal moto rotatorio della stazione. Un po' come quando l'acqua contenuta in un secchio non cade se il secchio è fatto ruotare in cerchio a velocità sostenuta. I fisici, notoriamente poco amici degli ingegneri e amanti di spiegazioni più esoteriche, dicono che la stazione effettivamente cade verso la Terra, ma siccome si muove velocemente, essa cade senza mai toccare la Terra che, essendo rotonda, le sparisce sotto i piedi. Nota bene, essendo io ingegnere, devo leggere questa spiegazione 2 o 3 volte prima di capirla (nonostante l'abbia scritta io!).

In un modo o nell'altro, però, sta di fatto che sulla Terra non è ancora possibile ottenere un ambiente abbastanza grande dove si possa sperimentare la microgravità per un periodo più lungo di pochi secondi. E quindi, volenti o nolenti, andare in orbita attorno alla Terra è oggi l'unica soluzione possibile. La Stazione Spaziale Internazionale è oggi l'unico avamposto al mondo (in effetti dovrei dire "fuori dal mondo") dotato di una serie di laboratori e strutture sperimentali capaci di operare per lungo tempo in condizioni di microgravità.

In microgravità il mondo cambia

Rispetto a tutte le altre forze che sono in campo nella vita comune, la gravità ha un impatto soverchiante, tanto che siamo abituati a non considerare nemmeno l'influenza di moltissime di queste altre forze. Per esempio, quando vai in automobile, in moto o in bicicletta, e un moscerino ti viene addosso, di solito non ti accorgi che il moscerino ti ha rallentato ma ti preoccupi solo che non ti abbia sporcato o che non ti sia finito in un occhio! In effetti, però, dal punto di vista fisico un'interazione c'è stata, e se potessi misurare accuratamente la tua velocità dopo l'impatto, noteresti che è diminuita, anche se di un valore infinitesimale. Il problema è qui: è praticamente impossibile misurare questa differenza di velocità!

Ebbene in orbita, rimuovendo la forza di gravità terrestre, è possibile evidenziare, misurare e studiare gli effetti infinitesimali di tutta una serie di fenomeni che esistono ma che sulla Terra sono mascherati dalla forza di gravità. Hai mai fissato la forma del liquido all'interno di una cannuccia messa in un bicchiere d'acqua? Se osservi attentamente, sulla Terra il liquido più vicino alle pareti fa una specie di menisco, in altre parole sembra che salga un pochino su per la cannuccia. Questo è il risultato delle interazioni molecolari tra le pareti della cannuccia e il liquido. Ma, a parte questo piccolo menisco laterale, il resto del liquido resta dov'è, schiacciato dalla forza di gravità. Nello Spazio, non essendoci la forza di gravità, la cannuccia attrae il liquido e si riempie completamente. Talvolta addirittura il liquido viene "pompato" fuori (basta anche solo la leggerissima pressione creata dalle pareti del contenitore) e ti ritrovi una bella bolla d'acqua o caffè o succo d'arancia che fluttua nel bel mezzo della stazione!

Un fenomeno che ci ha lasciati sbalorditi è stato quando, dopo aver teso nel mezzo della stazione uno di quegli elastici che usiamo per fare esercizio fisico e averlo strofinato con una maglietta (e quindi averlo caricato elettrostaticamente), abbiamo lasciato fluttuare delle piccole bollicine d'acqua nella direzione dell'elastico. Al massimo ci saremmo aspettati che le bollicine deviassero il loro fluttuare per avvicinarsi all'elastico, se non addirittura che ne fossero completamente attratte.

Ma la cosa sbalorditiva è che invece la maggior parte di esse si è messa a girare in orbita attorno all'elastico! Chi l'avrebbe mai pensato? Esterrefatti, siamo rimasti a guardare questa giostra di bollicine magiche!

Sono tanti gli effetti sorprendenti che si verificano in condizione di microgravità. Per esempio, cambiano anche metodi e fenomeni legati alla combustione. Nell'esempio della candela accesa sulla Terra menzionato prima, la cera brucia nello stoppino creando dei prodotti caldi di combustione che vanno verso l'alto generando una corrente ascensionale che attira la fiamma verso l'alto e l'alimenta richiamando nuovo ossigeno dal basso. Nello Spazio, invece, la cera brucia ma i prodotti di combustione restano dove sono e la fiamma non si allunga verso l'alto ma si dispone a sfera attorno allo stoppino. Una sfera blu, non giallorosso, perché carente di ossigeno. Dopo pochi secondi l'ossigeno attorno alla fiamma finisce e questa si spegne. Sostanzialmente, la condizione di microgravità impedisce la creazione di moti convettivi intorno allo stoppino e la dinamica delle forze e interazioni in gioco fa sì che la candela si spenga. Se sei in orbita, quindi, non cercare una candela nel caso vada via la luce!

Credo che non vi sia bisogno di ricorrere a ulteriori esempi per dimostrare che la gravità è estremamente forte e che condiziona tutto quello che ci sta attorno. In effetti, vi sono una miriade di altre forze e interazioni che sono egualmente importanti ma che sono semplicemente troppo piccole per poter essere misurate e studiate. Rimuovendo dall'equazione la forza di gravità, le altre si palesano, si possono misurare e consentire quindi tutta una serie di esperimenti che sulla Terra non è possibile eseguire.

Imparare tutto da capo

Lo Spazio è un ambiente totalmente nuovo dove tutto è da scoprire e dove si deve imparare da capo ogni cosa, dalla più semplice a quella più complicata, un po' come è capitato a me: io mi sono sentito un bambino alla scoperta di me stesso e del mondo che mi stava attorno.

L'assenza di gravità, infatti, obbliga a un nuovo apprendimento posturale e gestuale; è come imparare da capo a vivere nella realtà, nello Spazio appunto, ambiente privo della principale condizione terrestre, determinata dalla pesantezza del proprio corpo e di tutto quello che gli sta attorno. Quella della gravitazione universale di Newton è una "legge" alla quale tutti noi siamo sottoposti fin dalla nascita.

Per esempio, nella stazione orbitale non si cammina ma si galleggia. All'inizio ti comporti istintivamente come se ti trovassi sulla Terra perché il cervello rimane spaesato e risponde al nuovo habitat con i vecchi schemi ideo-motori. Si cerca sempre, poi, di orientare il proprio sguardo e i movimenti lungo un asse verticale, identificando un alto e un basso.

In una situazione di sospensione totale il nostro cervello si trova del tutto impreparato. Bisogna ricordare che non siamo geneticamente programmati ad affrontare la vita e le funzioni biologiche in assenza di peso, quindi al principio la scoperta di questa incapacità del cervello e dell'organismo a adattarsi immediatamente può essere drammatica e sconcertante. Per esempio, fin da subito non riesci a calibrare le spinte necessarie per muoverti efficacemente nelle tre dimensioni. Spingendosi con i vari arti, la maggior parte delle volte con le braccia, si ha solo una vaga idea della forza propulsiva che si genera e della direzione in cui si sviluppa, per cui spesso si finisce contro qualche parete urtando oggetti e apparecchiature. Insomma, è un po' come imparare a nuotare sott'acqua per la prima volta, solo che qui invece di essere immersi in un liquido ci si trova a galleggiare nell'aria, senza alcuna trazione verso il basso e senza nessuna viscosità che ti frena.

Con il tempo, in genere nel corso di 2-3 settimane, scopri però che il cervello e il nostro organismo possiedono una capacità di adattamento straordinaria.

Lo Spazio non è "proibito" agli esseri umani perché, senza rendercene conto, modifichiamo la postura e i nostri sforzi di contrazione e slancio, per cui i movimenti cominciano quasi automaticamente a coordinarsi e ti accorgi di andare veramente dove vuoi senza pensarci. È una sorta di "rodaggio" fisico, come quando impariamo a guidare, e molti di noi sono impacciati, perché devono riuscire a fare più cose contemporaneamente: cambiare marcia, guardare nello specchietto retrovisore, girare a destra, ascoltare la radio, e soprattutto guardare la strada e la segnaletica, oltre agli altri veicoli.

Poi, con il tempo, impari a coordinarti e sviluppi una specie di attenzione multipla. Semplicemente ti abitui, apprendi un nuovo comportamento. Impari a frenare, a parcheggiare, ad accelerare e prendi la misura, a occhio, della grandezza del tuo veicolo.

Fatte le debite e sostanziali differenze, muoversi nello Spazio richiede uno sforzo di "conduzione del corpo", come se si trattasse di un veicolo da gestire in nuove situazioni, quelle anti-gravitazionali. Si impara a usare la spinta delle braccia per spostare il peso della massa corporea in modo adeguato alla direzione e alla meta da raggiungere, cosa che sulla Terra sarebbe impensabile.

Puoi farti un'idea di queste nuove possibilità guardando, per esempio, alcuni film cinesi, dove dei maestri di arti marziali levitano nell'aria e si spostano in una certa direzione, calibrando il baricentro del corpo e muovendosi con abilità straordinaria. Per certi aspetti è un po' come diventare di nuovo bambini perché lo Spazio è un luogo dove occorre ricominciare a imparare quasi tutto: a muoversi, a mangiare, a respirare, a dormire, e così via.

Una delle cose più singolari è imparare a dormire. Ognuno di noi ha un suo stile nel sonno: c'è chi dorme sul fianco destro, chi a pancia in giù, chi a pancia in su, oppure chi per prendere sonno deve coricarsi sul lato sinistro, e via dicendo. Sono abitudini consolidate che esprimono chi siamo ma anche ci permettono di affrontare nel miglior modo possibile l'esigenza del riposo.

Modificare queste abitudini non è facile nemmeno sulla Terra, nelle situazioni normali. Il cambiamento è sempre difficile.

Prova ad addormentarti cambiando semplicemente la posizione iniziale. Immagina di non poter prendere sonno come al solito: di non avere il tuo cuscino, di stenderti sul lato opposto a quello abituale, di rimanere in piedi appoggiato a una parete e ti renderai immediatamente conto di quanto sia difficile per il corpo abituarsi a un nuovo schema di comportamento.

Nello Spazio il tuo corpo non sprofonda in un materasso, ma si appoggia semplicemente a una parete. Impari a dormire sospeso come un pipistrello, a testa in giù, appeso all'interno di un tuo spazio privato che assomiglia a un armadio. Se soffri di claustrofobia, è meglio se rimani a terra.

Anche un atto così semplice come la deglutizione, all'inizio può essere problematico.

Nel primo mese, per esempio, impari a tollerare che non essendoci più la forza di gravità che spinge i liquidi giù per l'esofago fino al fondo dello stomaco, questi liquidi tendono ad andare molto più lenti e a fermarsi sia nell'esofago che a ballonzolare nello stomaco per cui, se bevi più di un sorso alla volta, ti si blocca la possibilità di parlare e ti sembra di dover vomitare quando in effetti hai solo un po' d'aria nello stomaco.

L'apprendimento neuromotorio, di adattamento fisiologico, va integrato con un secondo aspetto dell'apprendimento: quello procedurale. Occorre imparare a svolgere le normali mansioni quotidiane, parlare con il centro di controllo, fare gli esperimenti di bordo, occuparsi della manutenzione ordinaria, e molto altro ancora. Ognuno di noi ha una posizione e un'espressività caratteristiche determinate da un assetto posturale, così come il nostro linguaggio non verbale e mimico è stato elaborato da millenni di evoluzione. Anche se vi sono grandi differenze etniche, tutte le espressioni sono comunque governate dai movimenti e dalle tensioni muscolari, per cui in futuro potrà nascere un linguaggio mimico e gestuale "spaziale" che differirà per certi aspetti da tutti quelli precedenti di origine terrestre.

Un altro aspetto imponente è il cambiamento nell'uso abituale di tutta la muscolatura, in particolare delle estremità: gambe e braccia.

Le gambe e i piedi perdono la loro solita funzione di sostegno del tronco e i piedi diventano progressivamente organi prensili, usati per lo più per ancorarsi sul punto di lavoro. Dopo qualche settimana cominciano a sparire i calli sotto la pianta del piede e ne appare uno sulla parte superiore. La trasformazione è completa dopo circa quattro mesi quando tutti i calli sotto i piedi sono spariti (ti vengono i piedi soffici e lisci come quelli di un neonato), ma appare un grosso callo ruvido sopra il piede in corrispondenza dell'attaccatura dell'alluce. Quindi, se vuoi sapere quando hai a che fare con un astronauta o un alieno, guardagli i piedi!

Altre trasformazioni coinvolgono gruppi muscolari

e tendini che si atrofizzano con il disuso, mentre altri – come quelli delle spalle e delle braccia – imparano a contrarsi e a dilatarsi per esercitare nuovi tipi di spinta. Per riuscire a darsi una spinta corretta ed equilibrata per dirigersi lungo l'asse di un corridoio, ci si può impiegare alcune settimane.

Si tratta di un imponente sforzo di adattamento che tuttavia avviene e che, quindi, dimostra le straordinarie possibilità di recupero di cui noi esseri umani disponiamo.

Se vuoi prepararti ad andare nello Spazio sono utili sport e programmi ginnici che sviluppano non solo la potenza del salto o della corsa, ma anche l'uso delle braccia, del torace, delle spalle, del tronco.

Cambia pure la dinamica dei liquidi corporei: per esempio, i liquidi presenti nella parte inferiore del corpo si ridistribuiscono (buona parte sono espulsi sotto forma di urina) con il risultato di aver una maggiore pressione endocranica che interessa anche i globi oculari che cambiando forma spostano la retina, per cui gli oculisti possono fare buoni affari con gli astronauti, costretti a usare occhiali per correggere la vista, durante le loro missioni. Anch'io nella stazione orbitale sono costretto a adoperarli per lavorare al computer.

Se si pensa che nello Spazio si studia, tra le altre cose, il comportamento dei metalli per scoprire nuove leghe, si può immaginare quali conseguenze l'assenza di gravità possa avere sulle attività biologiche di un organismo, certamente più sensibile di un metallo alle mutate condizioni ambientali.

Direi che ci vogliono dalle 4 alle 6 settimane prima che uno si senta veramente a proprio agio, non solo per le differenze biologiche alle quali il nostro corpo si deve abituare, ma anche per entrare nella routine quotidiana, capire come e quando prepararsi per essere efficaci nella giornata lavorativa, dove trovare i materiali e strumenti per effettuare gli esperimenti, a quale centro di controllo a terra rivolgersi per un determinato problema, a chi chiedere aiuto a bordo o parlare del più e del meno. Un tempo non indifferente durante il quale il nostro cervello lavora all'impazzata per far fronte alla nuova situazione.

Conoscere i propri limiti

In orbita, noi astronauti siamo considerati al pari delle altre risorse della stazione e siamo utili soprattutto come soggetti per esperimenti psicologici e fisiologici oltre che a fungere da elettricisti e idraulici spaziali. Insomma, facciamo da cavie. Prima del lancio, durante le selezioni e i lunghi anni di preparazione, siamo sottoposti a innumerevoli prove, allenamenti e test. Una formazione necessaria per affrontare le varie criticità e compiti operativi da svolgere in condizioni extra-terrestri, ma anche per acquisire dati di funzionamento in condizioni normali sulla Terra e paragonarli poi a quello che succede in orbita e una volta rientrati.

A volte anche il normale tran tran quotidiano astronautico della stazione orbitale può essere interrotto da un "esperimento" inatteso. E allora qualche momento o addirittura la giornata intera si colorano di una certa suspense. Di solito accade quando si presenta qualche problema tecnico per cui un'avaria importante ti costringe ad affrontare immediatamente delle situazioni critiche. È successo addirittura che alcune avarie richiedessero l'esecuzione pressoché immediata di "passeggiate spaziali" per andare a riparare apparecchiature poste all'esterno della stazione. Cosa che purtroppo non è successa durante la mia missione, perché avrei tanto voluto fare una passeggiata anche a costo di affrontare un'emergenza!

Altrimenti ci si può trovare a far parte di esperimenti inaspettati. Può succedere, per esempio, che la percentuale di anidride carbonica nella stazione salga provocando in ogni astronauta sintomi disparati e diversi in quanto ognuno di noi ha una tolleranza differente a questo gas tossico. Sulla Terra siamo abituati a respirare aria con una concentrazione di anidride carbonica inferiore all'1 per cento. Se la concentrazione sale, già a partire dal 2-3 per cento si hanno dei segnali negativi come un leggero mal di testa, irritabilità, stanchezza, svogliatezza. Attorno al 4-5 per cento, la maggior parte degli astronauti accusa questi sintomi ma è generalmente in grado di lavorare. Oltre, fino al 9-10 per cento, i sintomi si acutizzano e diventa difficile lavorare. Ma il corpo si può adattare a questa situazione e in qualche modo può imparare a conviverci sviluppando una certa resistenza.

Normalmente sulla stazione il livello di anidride carbonica è mantenuto sotto il 4 per cento, ma può accadere che i sistemi non ce la facciano e il valore dell'anidride carbonica cresca pian piano fino a superare il 6-7 per cento, per esempio per ragioni tecniche come operazioni di manutenzione dei sistemi di spurgo dell'anidride carbonica, o per il loro malfunzionamento (ce ne sono due russi e due americani), o addirittura per il fatto che ci sono più di sei astronauti a bordo, quando lo Space Shuttle è attraccato alla stazione per esempio. In queste situazioni io mi sento leggermente frastornato ed è come se avessi l'influenza: strano, svogliato, assonnato e irritabile, e i miei movimenti sono lenti e inclini all'errore. È facile in questi momenti prendersela con gli altri colleghi a bordo o con il centro di controllo a terra. E siccome pulire l'aria costa, da terra cercano di trovare il massimo valore di anidride carbonica che allo stesso tempo permetta all'equipaggio di lavorare indisturbato.

Parte del nostro addestramento consiste nel riconoscere situazioni anomale, renderle note agli altri e comunicarle a terra. La conoscenza delle reazioni personali e di quelle di gruppo è indispensabile per una gestione oculata delle risorse: l'ossigeno è una risorsa ma anche noi lo siamo, e bisogna trovare un compromesso per l'utilizzo efficace di entrambi. La coscienza di aver raggiunto i propri limiti personali è fondamentale, così come lo sono il riconoscimento delle nostre reazioni e l'individuazione corretta delle cause. Gestire i propri limiti personali e quelli del gruppo è, dunque, indispensabile quando si vuole minimizzare l'utilizzo delle risorse e massimizzare il risultato.

E tu, conosci i tuoi limiti personali e quelli del gruppo con cui lavori? Dai subito la colpa ad altri o cerchi di capire se ci sono delle circostanze che ti rendono particolarmente irritabile? Accetti una situazione un po' scomoda se questa richiede l'uso di minori risorse? Conosci i tuoi limiti?

Imprevisti sempre in agguato

L'intera stazione orbitale è un grande laboratorio tecnologico dove ogni processo, strumento, congegno e apparecchiatura è pensato per funzionare perfettamente e costruito per essere affidabile ed efficiente. L'imprevisto è sempre in agguato, ma la tecnologia è presente al suo massimo livello di prestazioni.

Per esempio, la tuta per le passeggiate spaziali che si indossa per uscire dalla stazione è costruita per funzionare al limite e rendere massime le prestazioni con il minimo dispendio di risorse ed energie. Al suo interno c'è una piccola pompa elettrica che, muovendosi a 16.000 giri al minuto, pressurizza l'ossigeno nella tuta. Il know-how che si è reso necessario per produrre questa pompa e garantire queste prestazioni percola nei macchinari di tutti i giorni. E se oggi i micromotori delle turbine che usa il tuo dentista, dei motori delle lavatrici o delle automobili sono così performanti e affidabili, lo dobbiamo anche alle ricerche e all'impegno che sono stati spesi affinché quando usiamo una tuta spaziale non possiamo rimanere a corto di ossigeno.

Anche le pompe della stazione, che assomiglia per certi aspetti a un grande polmone artificiale, devono funzionare correttamente per mesi e mesi senza fermarsi, per assicurare una serie complessa di funzioni necessarie alla vita. Un vero e proprio sistema di mantenimento della vita, in grado di permettere agli astronauti di vivere e lavorare mentre sono in orbita, e garantire loro la sopravvivenza in caso di emergenza.

Far girare l'aria

Al mattino è una gran cosa sentire l'aria fresca. Nel Crew Quarter, la nostra cuccetta personale, c'è un sistema di ventilazione e filtraggio cosicché, anche quando sei chiuso dentro questa specie di cabina telefonica, il rimescolamento dell'ossigeno e dell'anidride carbonica con il resto della stazione è assicurato. Come puoi ben capire questa è una funzione critica: se si bloccasse potrebbe avere delle ripercussioni pesanti sulla salute dell'astronauta chiuso nella sua cuccetta. Infatti, al sistema di ventilazione del Crew Quarter sono collegati speciali sensori che in caso di anomalia mandano un segnale d'allarme ad alta criticità, cioè un segnale che fa scattare un allarme sonoro in tutta la stazione e quindi ti sveglia la notte se stai dormendo e allerta tutto l'equipaggio.

Il sistema di ventilazione del Crew Quarter è solo un sottosistema dell'ECLSS, o Sistema di Controllo e Supporto della Vita (in italiano si pronuncia "ikless" con l'accento sulla "i"). Questo sistema controlla e mantiene l'aria, l'acqua e tutto quello che ha a che vedere col mantenimento di un ambiente vivibile, una specie di natura artificiale. Per esempio, fa circolare l'aria. Ciò è essenziale perché senza questa circolazione l'ossigeno diminuisce e il mescolamento termico si altera e, inoltre, si surriscaldano tutte le apparecchiature raffreddate ad aria. In queste condizioni ti arrivano dei potenti mal di testa, e gli equipaggiamenti della stazione cominciano a spegnersi (meglio che prendere fuoco, comunque!).

La circolazione dell'aria nei vari moduli della stazione è garantita da speciali ventole che risucchiano l'aria della cabina dentro griglie messe in corrispondenza del "soffitto" della stazione. L'aria subisce diversi trattamenti prima di essere reimmessa nella stazione attraverso altre griglie in corrispondenza del pavimento. Il primo trattamento è la rimozione delle particelle che fluttuano nell'aria. In assenza di peso tutto vola: polvere, briciole di cibo, capelli, peli e piccole squame di pelle che si staccano dal nostro corpo in continuazione. Questi residui, organici e non, vengono intrappolati da un filtro che copre le griglie di aspirazione e rimossi poi con l'aspirapolvere durante le pulizie del fine settimana.

L'aria, quindi, viene fatta passare attraverso uno scambiatore di calore dove viene raffreddata e dove l'umidità in essa contenuta viene condensata e riciclata. La maggior parte di questa umidità proviene dal nostro sudore (ognuno di noi espelle più di un litro di sudore al giorno), ma anche dall'acqua che evapora dalle salviette che usiamo per lavarci. Sulla Terra questo processo di riciclaggio lo fa la natura: l'umidità nell'aria si condensa in nuvole, piove, e attraverso un gigantesco processo di riciclo naturale che coinvolge oceani, acque sotterranee, paludi, strati e fenomeni atmosferici, cicli biologici di organismi viventi, l'aria viene deumidificata e l'acqua ridiventa potabile. La natura è un enorme sistema di Life Support System planetario e il sistema ECLSS la imita.

L'aria, poi, viene fatta passare dentro uno speciale polmone catalitico che assorbe l'anidride carbonica. Nella parte americana della stazione ci sono due di questi filtri e lavorano a turno: uno assorbe e l'altro emana (per far questo deve essere scaldato). Continuando il suo viaggio, l'aria passa attraverso altri filtri chimici che assorbono il monossido di carbonio e altri composti chimici (passano solo l'ossigeno e l'azoto). Questi composti chimici sono il risultato dell'outgassing, cioè del processo per cui la maggior parte delle cose, specialmente le apparecchiature elettroniche in funzione, emettono costantemente una piccola quantità di gas, alcuni dei quali tossici. Siete mai saliti su un'auto nuova? Ecco, per i primi mesi l'outgassing è molto accentuato e l'auto sa di "auto nuova". Se qualcuno prova fastidio, basta aprire il finestrino. Ma questo non si può fare sulla stazione e ci pensa l'ECLSS a rimuovere odori e componenti tossici.

A seguito di tutto questo la percentuale di ossigeno nell'aria viene analizzata e, con l'aggiunta di ossigeno fresco, riportata al valore corretto: circa il 21 per cento, lo stesso valore presente sulla Terra. La penultima tappa è un controllo di qualità: l'aria viene fatta passare attraverso uno spettrometro di massa e analizzata.

Se tutto è a posto, finalmente viene fatta fuoriuscire da apposite griglie sul soffitto. La velocità di uscita deve essere controllata: se troppo poca l'aria non circola abbastanza, se troppo forte causa fastidio... Il tutto, naturalmente, deve essere fatto in modo che il rumore dei ventilatori sia molto attenuato. Sembra facile? Chiedetelo agli ingegneri che hanno dovuto progettare e costruire questo sistema! È stato molto difficile abbattere il rumore sia del ventilatore sia dell'aria in uscita. Alla fine hanno dovuto ricoprire tutta l'apparecchiatura con una spessa coperta abbatti-rumore e aggiungere, prima della griglia di uscita, una vera e propria marmitta simile a quella delle auto. I risultati, però, sono veramente apprezzabili: il sistema ECLSS della stazione è il più avanzato e il più silenzioso mai costruito!

Il sudore condensato così come l'urina sono processati da un'altra chicca del sistema ECLSS: il sistema di purificazione dei liquidi che sostanzialmente colleziona, stocca, tratta e controlla tutti i liquidi recuperati. La maggior parte dei liquidi viene pulita e ridiventa potabile. Un 20 per cento non è potabile e viene processato elettroliticamente per estrarne l'ossigeno che viene riciclato, ovvero rimesso nell'aria della stazione. L'1 per cento circa, invece, è una specie di poltiglia vischiosa di scarto che viene neutralizzata e stoccata in attesa di essere distrutta. Questa è l'unica vera immondizia. Il sistema di purificazione è una chicca di tecnologia, tanto che, sulla base di questo esempio, sono state costruite piccole stazioni portatili di purificazione che ora sono utilizzate in Africa per purificare l'acqua in zone remote.

Vedo già molti di voi che storcono il naso: ri-bevete l'urina? E non solo la vostra, ma anche quella degli altri? Può sorprendere, ma ci sono molti tabù culturali che a volte occorre superare, soprattutto quando ci si trova in situazioni estreme. Non sono pochi i legionari o gli incauti viaggiatori che si sono salvati in situazioni estreme grazie al fatto di aver bevuto la propria urina che, sebbene tossica, contiene sostanze ancora utilizzabili dall'organismo. Ma non c'è bisogno di bere l'urina e noi nello Spazio sicuramente non lo facciamo. L'acqua che beviamo, infatti, è acqua ripulita che prima di essere rimessa in circolo è controllata attentamente, oserei dire molto più di quella che esce dai rubinetti di casa. D'altronde, l'acqua di casa o quella delle costose bottiglie di acqua minerale non è acqua "nuova": è acqua che la natura ha riciclato. Scherzando dico sempre ai ragazzi che mi guardano allibiti che l'acqua che hanno bevuto la mattina è sicuramente già stata "utilizzata" più volte in passato da qualche dinosauro o legionario romano!

È curioso anche vedere come ci sorprende il riutilizzo dell'urina ma poi riteniamo abbastanza normale immettere nel nostro corpo sostanze dannose come fumo, droghe, veleni tossici urbani, bevande e alimenti-spazzatura. Dovremmo riflettere anche su questo!

Usare la musica in modo mirato

La musica sulla stazione è un po' dovunque. Ogni astronauta che si trasferisce su di essa porta con sé la propria collezione musicale e la lascia in eredità ai futuri abitanti dell'avamposto. Con il risultato che c'è tanta musica e la puoi ascoltare sia attraverso i computer della rete Space Station Computer (SSC), dotati di mini altoparlanti, o personalmente in cuffia con l'iPod in tua dotazione, che io non ho mai usato e ho lasciato intatto con le cuffie ancora impacchettate. Ma, durante la missione, di musica ne ho ascoltata tanta, di solito come sottofondo perché qualcun altro lo faceva.

In missione, quando mi mettevo a riordinare le cose e a sistemarle nel particolare caos apparente delle pareti e delle strumentazioni di bordo, ho notato che, se ascoltavo musica che mi piaceva, la mia concentrazione ne soffriva, se non mi piaceva, la spegnevo subito e ne cercavo altra, se mi era indifferente, la lasciavo andare. Il fatto che fosse proprio la musica che mi piaceva a farmi perdere la concentrazione ci porta a riflettere sulle condizioni che possono favorire le nostre prestazioni scolastiche e professionali.

Quando si studia o si lavora, per alcuni la musica aumenta il rendimento, per altri è un elemento disturbante ed è meglio un rumore di fondo indistinto o la voce della radio. Ciò dipende anche dal tipo di musica: se ci piace, se ci è indifferente, se ci coinvolge. Mi diverte scoprire l'influenza che la musica ha su di me nelle varie situazioni. In aereo, per esempio, dormo meglio se ascolto musica in cuffia, qualsiasi tipo di musica, anche rock. A casa, la stessa cosa non la sopporterei.

Una volta ho ascoltato un brano che mi piaceva molto mentre sciavo. Un disastro: il ritmo della sciata è cambiato e seguiva la musica, non la montagna. Ho dovuto spegnere per evitare problemi! La morale della favola è che sembra ci voglia una diversa compilation a seconda di dove sei e di quello che devi fare.

Alcuni miei colleghi, in orbita non riuscivano a fare esercizio fisico se non con la televisione accesa o la musica a tutto volume, e come accompagnamento utilizzavano dei programmi televisivi registrati sul computer, perlopiù episodi di serie televisive.

Per me, invece, fare esercizio equivale in un certo senso a entrare in uno stato di trance per cui non mi rendo quasi conto dello sforzo. L'allenamento è una pratica utile per riorganizzare il pensiero e riconsiderare varie questioni che via via mi si ripresentano. Di solito, alla fine dell'esercizio fisico, ho le idee più chiare e tutto si sistema grazie a questo "rimescolamento" mentale, a questa forma di riflessione spontanea che non ha bisogno di un supporto o di un accompagnamento particolare. Anzi, la musica mi dà fastidio perché penso alla musica invece di pensare alle mie cose trasferendomi mentalmente in un altro spazio-tempo.

In generale, non sento la necessità di avere un sottofondo musicale e, per esempio, quando guido preferisco ascoltare informazioni alla radio. Sulla mia auto negli Stati Uniti i canali preimpostati sull'autoradio sono: uno di notizie, uno di rock puro, uno di musica classica e uno di *easy listening*. La scelta dipende dal mio stato d'animo del momento, ma di norma mi sintonizzo sulle notizie, specialmente al mattino e alla sera quando vado e vengo dal lavoro. Altrimenti salto tranquillamente dalla musica hard rock a quella classica. Gli assoli di violino però non li sopporto, meglio un brano pop, un rock leggero, delle composizioni al pianoforte o un'innocua ma rilassante musica da ascensore.

Quindi, quando mi alleno, lascio vagare la mente e seguo i miei pensieri in libertà senza accompagnamento musicale. Anche quando sono impegnato in operazioni complesse non mi sogno di ascoltare musica o di tenere la televisione accesa in sottofondo perché il silenzio aumenta la mia concentrazione.

A te cosa capita? Che effetto ti fa la musica? Ti concentri di più nel silenzio o con una melodia in sottofondo?

Il rumore di fondo

Dentro la stazione il silenzio non è mai totale, assoluto. Anche gli organi del nostro corpo fanno rumore, ma generalmente si tratta di un rumore contenuto, sommesso, come quello che fa il cuore. Altri organi, invece, lavorano in silenzio. Pensate al cervello: per capire se e come funziona occorre fare un elettroencefalogramma.

Con i macchinari della stazione non siamo ancora arrivati a tale livello di sofisticazione. Il cervello, il cuore, i polmoni, lo stomaco della stazione sono essenzialmente apparecchiature elettromeccaniche che lavorano giorno e notte, incessantemente, alla base delle quali ci sono motori elettrici, ventilatori, compressori, valvole, che producono rumore. Il risultato è che sulla stazione è raro, se non impossibile, trovare un posto dove il silenzio è assoluto, visto che c'è sempre un sottofondo di macchinari in azione, una specie di ronzio da alveare che normalmente non senti perché il tuo cervello lo ignora. Ma c'è, e se ti fermi per un attimo e presti attenzione ti rendi conto di quanto subdolo esso sia e addirittura in alcune zone assordante, specialmente nella parte russa della stazione.

Un collega astronauta mi ha fatto notare che se chiudi gli occhi e presti attenzione ai rumori, ogni luogo, ogni modulo ne ha uno particolare. Questo collega mi ha detto di aver fatto un esperimento: si è bendato e pian piano, svolazzando a tentoni qua e là, è passato da un estremo all'altro della stazione, cercando di capire dove si trovava a seconda del rumore che percepiva. In pratica un test sensoriale: intuire il luogo in base alle caratteristiche del rumore di fondo.

Anche la tuta per le passeggiate spaziali contiene il suo sistema ECLSS. Consiste, infatti, in una mini navicella spaziale portatile che indossi per uscire dalla stazione.

Quando sei dentro la tuta, senti tutta una serie di rumori: la ventola che pressurizza l'ossigeno e lo mantiene in circolo, l'ossigeno che esce da sei bocchettoni nel casco, la stoffa della tuta che fruscia quando ti muovi. Ma mentre tu senti questi rumori all'interno della tuta, essi non vengono trasferiti all'esterno perché il vuoto dello Spazio non permette la trasmissione del suono.

Ma come la mettiamo con il rumore assordante e talvolta anche sinistro delle astronavi dei film di fantascienza? Be', si tratta di una licenza poetica!

Quando il tempo è una convenzione

Anche le condizioni ambientali, quelle che influenzano i cicli di veglia-sonno, sono uniche a bordo della ISS. Essa, infatti, compie un giro completo attorno alla Terra in soli 90 minuti e ogni 40-50 minuti c'è un'alba o un tramonto: 16 albe e 16 tramonti al giorno. In orbita, i giorni e le notti specificati secondo la definizione tipica terrestre durano veramente poco e non è il caso di guardare fuori dall'oblò per sapere se devi andare a letto o svegliarti. Dormiresti veramente poco e a singhiozzo! Quello che vedi fuori dalla stazione non ti dà l'idea del passaggio da una fase all'altra della tua giornata, e assume dei connotati diversi, completamente nuovi. Dentro la stazione, poi, è come se viaggiassi su un vagone, in un tunnel, e tutto sembra essere statico, fisso. In queste condizioni, il tempo diventa davvero una convenzione e l'orologio, uno strumento che sostanzialmente ti indica la posizione del Sole, assume una forma diversa e diventa il metronomo che scandisce i movimenti della tua giornata e attorno al quale regoli i bioritmi del tuo corpo.

Perché andiamo nello Spazio?

La sfida che ci ha spinti ad andare nello Spazio ha avuto e ha enormi ricadute tecnologiche utili alla vita di tutti i giorni. Le agenzie spaziali sono grandi motori di innovazione che nel perseguire i loro obiettivi spaziali forzano le università, i centri di ricerca e le industrie a lavorare al limite dell'impossibile. Queste cose impossibili realizzate per lo Spazio influenzano e cambiano in modo talvolta eclatante – e talvolta subdolo – la nostra vita di tutti i giorni. I risultati ottenuti fino a ora sono innumerevoli ed è impossibile poterli descrivere in poche righe (gli interessati possono fare una ricerca sul web digitando "space spin-offs").

Ecco, comunque, sommariamente elencate alcune delle maggiori aree di applicazione.

1) Adattamento fisiologico

Studiare l'adattamento del corpo umano alla microgravità serve a capire meglio i meccanismi biologici e fisici alla base del funzionamento del nostro corpo. Questa conoscenza ci serve per affrontare missioni di lunga durata, come per esempio quella che potrebbe portarci su Marte, ma anche per affrontare meglio la vita di tutti i giorni. Stare nello Spazio provoca la perdita di capacità muscolare e riduzione della massa scheletrica. Sono allo studio speciali protocolli di esercizi fisici e sono testati speciali integratori alimentari così come medicine per ridurre questi fenomeni.

2) Cuore artificiale

La pompa usata in alcuni modelli di cuore artificiale riesce a essere leggera e miniaturizzata (2,5 centimetri per 100 grammi) perché si ispira e utilizza moltissime innovazioni tecnologiche inizialmente sviluppate per la pompa del carburante liquido dei motori degli Shuttle.

3) Vaccini

Alcuni tipi di microbi, come la salmonella, crescono di più e sono più virulenti in condizioni di microgravità. Questo dato ha portato alla sperimentazione di un vaccino.

4) Neocristalli

Quando la gravità non interferisce, è possibile assemblare cristalli molto puri e regolari. I cristalli coltivati in orbita cambiano le simmetrie e quindi le loro proprietà, per cui si aprono nuovi filoni di indagine nella fisica e nella biologia. L'industria farmaceutica sta testando un cristallo creato sullo Shuttle contro la distrofia.

5) Nuove leghe

La microgravità facilita la creazione di leghe metalliche omogenee e più forti. Lo Spazio è un laboratorio per nuovi materiali. Si ottengono materiali dotati di una "memoria di forma", in pratica quasi indeformabili.

6) Astrofisica

Il telescopio spaziale Hubble è stato portato in orbita da uno Shuttle nel 1990, e poi riparato e mantenuto in funzione grazie a diverse missioni dello Shuttle. Se oggi conosciamo meglio il cosmo è grazie ai dati ricavati dalle straordinarie immagini che questo telescopio ci ha inviato a terra.

7) Isolanti

Le enormi variazioni di temperatura al decollo, al rientro e nello Spazio richiedono isolanti termici efficienti. Uno dei materiali sviluppati per lo Shuttle è l'aerogel, oggi comunemente usato nelle strutture isolanti delle case e delle auto.

8) Geofisica

In microgravità si riescono a studiare molto meglio i meccanismi alla base della diffusione del fuoco, e come la gravità condiziona i gas o il movimento vorticale dei fluidi. Questo ci permette di capire molti fenomeni, incluso il comportamento del nucleo geofisico liquido del pianeta che ha una diretta influenza sui fenomeni della crosta terrestre, primi fra tutti i terremoti.

9) Antimateria

Se esistono altri universi paralleli di antimateria lo scoprirà il rivelatore AMS. Così come, se mi si passa il paradosso, potremo fare un po' di luce sulla materia oscura.

Guardare con occhi nuovi
La vita di quaggiù vista da lassù

Siamo tutti marinai

A pochi giorni dall'arrivo sulla stazione spaziale internazionale, in corrispondenza del solstizio d'inverno, la Natura mi ha fatto subito un bel regalo: un'eclissi di Luna. Si è trattato di una spettacolare eclissi totale che dalla stazione si vedeva benissimo, così come la si vedeva sulla Terra alle alte latitudini. In Italia si è vista a malapena e, chi si è svegliato poco prima dell'alba, ha potuto scorgere almeno un'istantanea del fenomeno.

La stazione spaziale ha degli oblò di dimensioni ridotte e quasi tutti rivolti verso terra, per cui è difficile guardare il cielo. Abbiamo però la cupola, un vero e proprio osservatorio a 360 gradi, un posto che noi definiamo "la nostra finestra sul mondo". Siamo molto affezionati a questo modulo perché ci consente veramente di abbracciare in un solo colpo d'occhio una vasta parte della Terra. E sebbene anche la cupola sia rivolta verso terra, consente una visione laterale abbastanza ampia per cui si riesce comunque a vedere buona parte del cielo. Io, poi, ho anche un altro motivo per essere orgoglioso di questo gioiello ingegneristico: la cupola è stata costruita in Italia!

L'eclissi totale di Luna si verifica quando la Terra si trova fra il Sole e la Luna e blocca i raggi solari che non illuminano più il nostro satellite. In realtà la Luna non scompare mai del tutto, un po' di luce indiretta trova il modo di arrivare fievolmente fino alla superficie lunare. Visto dalla Terra, il colore della Luna dipende dal tipo e dalla quantità di particelle in sospensione nell'atmosfera. Talvolta, dato che la luce di rimbalzo della Luna arriva sulla Terra filtrata dalle ceneri e dalle polveri scaraventate nell'atmosfera dall'eruzione di un vulcano, la Luna appare rossastra. Naturalmente dalla stazione spaziale vediamo la Luna *au naturel*, senza il filtro dell'atmosfera, e, quindi, questo fenomeno si vede in modo molto attutito. In ogni caso, che tu sia sulla Terra o in orbita attorno a essa, lo spettacolo è garantito!

E lo spettacolo che si vede dalla cupola non è confinato a pochi minuti al giorno, dura in continuazione. Infatti, da lì puoi ammirare il pianeta che continuamente scorre sotto di te, come un film cinemascope che non finisce mai, giorno e notte. Uno spettacolo davvero affascinante.

Guardando questo pianeta blu stagliarsi contro il nero del cielo spaziale, a me è sembrato di vedere un vascello brillante in navigazione in un oceano buio. Una nave gigante, unica, viva, come non ce ne sono altre a perdita d'occhio nel cielo. Una nave bellissima e ricca, ma anche fragile e delicata. Da lassù vedi come la Terra sia grande, ma anche piccola. Sfrecciando a 28.000 chilometri all'ora – quasi 8 chilometri al secondo –, nel giro di una manciata di minuti passi sopra a tutta l'Europa e, in men che non si dica, sei in Africa per poi ritrovarti qualche minuto dopo in Cina e subito dopo in Australia. E così via, senza fine.

L'Italia, la Francia, la Germania, l'Olanda, il Giappone, la Cina, l'Australia non sono più entità diverse, così come gli italiani, i francesi, i tedeschi, gli olandesi, i giapponesi, i cinesi, gli australiani non sono più popoli distinti. In realtà, siamo tutti marinai, marinai di un'unica nave chiamata "Terra". E, volenti o nolenti, dobbiamo navigare. Non solo in mare, nel web, sulle onde della conoscenza, ma anche nell'ambiente in cui viviamo e nello Spazio che ci circonda, prendendoci cura della nostra nave e di tutto quello che ci sta sopra.

È una visione bellissima, e vorrei che tutti ne potessero godere, perché credo nel potere trasformante delle immagini e dell'esperienza.

Ho fatto migliaia di foto e ne ho inviate alcune sulla Terra quasi in tempo reale. Immagini di nazioni e continenti scattate con il grandangolo: il Nord Europa, il bacino del Mediterraneo, la penisola del Sinai, lo Sri Lanka, la Nuova Zelanda. Ma anche immagini dettagliate scattate con potenti teleobiettivi: Roma, Key West, Cancun, Brasilia, Delhi, il Gran Canyon, e tante altre note destinazioni turistiche molto familiari. Con questi scatti ho cercato di allacciare un ponte emotivo e multimediale con il pubblico, gli utenti della rete e tutti i "terrestri". L'Italia, poi, compare molto spesso nelle mie foto, forse un po' per nostalgia, un po' perché dalla stazione si vede benissimo. Ogni tanto l'attraversiamo da nord a sud come se fossimo sull'Autosole, ma senza paura del Tutor e senza dover pagare il pedaggio!

Le reti sociali, coinvolte nel processo di diffusione di queste immagini, sono un valido e interessante canale di comunicazione tra due dimensioni molto lontane: cielo e terra. E anche un modo per far sentire a casa chi invece vive per mesi in poco più di 350 metri cubi di volume abitabile.

La Terra vista dallo Spazio

I viaggi spaziali, con le loro visioni d'insieme e di dettaglio, offrono la possibilità di vedere e percepire la Terra in un modo differente dal comune. Se, com'è successo a me, potessimo vedere la Terra come una "nave" planetaria che ci trasporta nell'Universo, sono sicuro che due fenomeni balzerebbero subito all'occhio.

Il primo è che la nave deve per forza essere in equilibrio, in quanto nulla vi entra o vi esce. Questo equilibrio deve per forza fondarsi su un ecosistema dove le risorse sono gestite attentamente, rigenerate e riutilizzate. E tutto ciò che non va in quella direzione, mina l'equilibrio dell'ecosistema stesso.

Il secondo è che questa nave è incapsulata in un guscio trasparente, l'atmosfera, che dall'orbita sembra una coperta leggerissima, pronta a evaporare o a dissolversi, e che un nonnulla può essere sufficiente a destabilizzare, o a distruggere. Una coperta che se sparisse o solo ci scoprisse i piedi per un attimo, smetterebbe di proteggerci causando cambiamenti radicali: non potremmo più sopravvivere e la Terra diventerebbe come la Luna o Marte.

Si tratta di percezioni che non ho quando sono sulla Terra, forse perché a terra la mia visione si ferma all'orizzonte di dove mi trovo, a quello che posso vedere e toccare, al giardino ben curato con il prato appena tagliato. E tutto il resto non mi riguarda, è lontano, e semmai influenzerà il vicino, i cittadini di un'altra nazione.

Se tutti potessero andare nello Spazio e guardare la nostra Terra da lassù, sono convinto che ci impegneremmo più consapevolmente nella cura del nostro pianeta, adottando comportamenti maggiormente responsabili a livello ambientale, monitorando con attenzione i cambiamenti di cui siamo causa e controllando meglio l'evoluzione dei fiumi, dei laghi, dei vulcani, degli oceani... della Natura tutta. E ci sarebbe una consapevolezza diversa nell'utilizzo delle risorse. Ci prodigheremmo nella ricerca di nuove fonti di energia alternative ecosostenibili.

Sono convinto che in futuro il viaggio spaziale e le tecnologie collegate avranno un grande sviluppo. Come l'ha avuto negli ultimi cento anni il viaggio aereo, che, un tempo riservato a pochi temerari patologicamente insani e con le tasche gonfie di soldi, è oggi alla portata di tutti. Non abbiamo più neanche bisogno di andare all'agenzia di viaggi all'angolo per comprare un biglietto aereo intercontinentale, dato che possiamo farlo comodamente da casa nostra via Internet, con costi relativamente limitati. E, comunque, non sono più i costi a limitare la scelta delle mete, ma solo la nostra voglia di andarci. Immagino che sarà così anche per i viaggi spaziali attorno alla Terra, dove prevarrà la nostra voglia di essere in un posto diverso, di fare esperienze nuove, di provare sensazioni fuori dalla norma.

Potremo vedere da lassù la straordinaria bellezza del nostro pianeta, ma al tempo stesso ne percepiremo la fragilità. Potremo vedere, infatti, che il nostro modo di vivere ci porta a adattare il pianeta alle nostre necessità e non viceversa, anche se, di fatto, intervenendo sull'ambiente che ci circonda per renderlo più umano, stiamo causando cambiamenti apparentemente insignificanti, ma a lungo andare sostanziali.

Le immagini dallo Spazio dimostrano come ogni intervento possa alterare profondamente l'ambiente e il paesaggio. Per esempio, ho scattato delle immagini molto belle del Mississippi in piena mentre straripava e allagava campi e città. Certo, ci si arrabbia quando questo succede e causa perdite di vite e danni economici ingenti ma, d'altronde, se si costruiscono argini a un fiume importante come questo, se si prosciugano aree di sfogo per costruirvi città, se lo si canalizza e lo si obbliga a sfociare nel punto più comodo a noi, non puoi pensare che prima o poi non accadano catastrofi.

Visto da lassù sembra ovvio che intervenendo pesantemente sulla natura in questo modo, cercando di condizionarla a nostra immagine e somiglianza, si finisce per cambiare sostanzialmente il sistema della circolazione dell'aria e dell'acqua, della sedimentazione dei fanghi e della conformazione delle coste, provocando un impatto elevato sul territorio a livello geografico e orografico. E dovrebbe essere logico arrivare alla conclusione che i nostri interventi forse sono la causa di turbolenze improvvise, correnti anomale, alluvioni, straripamenti.

Senza contare le migliaia di tonnellate di particolato che ogni giorno immettiamo nell'atmosfera. Ci sono aree della Terra che viste dallo Spazio sembrano opache, coperte perennemente da una leggera nebbiolina grigia o marrone. E lì vivono milioni di persone che filtrano questo particolato attraverso i loro polmoni. Come pensare che tutto ciò non danneggi la salute?

La natura è sempre stata in equilibrio, un equilibrio che si è evoluto in milioni di anni. Un equilibrio relativamente stabile, ma con ogni probabilità fragile. È un sistema complesso e, sebbene l'uomo sia dotato di intelligenza e cognizione, è lontano dal conoscere i meccanismi intimi della natura, così come dal prevedere l'impatto su di essa quando in modo unilaterale ne cambiamo alcuni parametri. Non siamo ancora riusciti a scoprire come funzionano molte attività del nostro corpo, né sappiamo esattamente come funziona il cervello, cos'è la coscienza, che cos'è l'anima. Il perché siamo unici. Come possiamo pensare di poter cambiare impunemente meccanismi naturali che avvengono su scala mondiale da tempo immemorabile? Certo, questo non vuol dire che non si debba intervenire sul nostro ambiente, ma solo che dobbiamo farlo con maggiore attenzione, con la consapevolezza degli effetti, dei risultati, delle conseguenze secondarie delle nostre scelte e delle nostre azioni. Dovremmo muoverci con la delicatezza di un figlio che accudisce l'anziana Madre, una madre che ha milioni di anni e che ogni tanto ha bisogno di amorevoli carezze, di sorrisi e di quiete.

Lo Spazio, la possibilità che ci dà di osservare il nostro pianeta e misurarne l'evoluzione e i cambiamenti, ci fornisce strumenti scientifici importanti per capire meglio cosa abbiamo fatto e cosa non dovremmo fare. Ci permette di guardare la Terra in modo macroscopico, di percepirne i cambiamenti in modo globale e, in sostanza, di usare una prospettiva privilegiata dalla quale trarre preziose indicazioni e altrettanto preziosi consigli.

Per l'astronauta di oggi e i viaggiatori di domani, lo Spazio è anche un grande spettacolo, un intrattenimento che può migliorare la sensibilità scientifica, la coscienza del pianeta, e che può far sentire il mondo più unito donandoci una più forte consapevolezza di "globalità".

Vedere il pianeta con occhi nuovi

Lo Spazio cambierà il modo di vedere e studiare la geografia. Per molti aspetti si può dire che sia già cambiato, per esempio, grazie alle fotografie satellitari che ci consentono di vedere il nostro pianeta dall'alto favorendo una visione più distaccata della realtà quotidiana.

A volte ho avuto l'impressione di essere un bambino che ammira una trottola che gira sotto di lui, oppure uno scienziato che guarda al microscopio i cambiamenti fatti dall'uomo su un pianeta alla deriva nello Spazio.

Anche le immagini della vita quotidiana degli astronauti nello Spazio servono a preparare una nuova mentalità, un atteggiamento di maggiore confidenza con le missioni, con l'astronautica e a rendere quasi "domestico" il futuro che ci aspetta, donando alle giovani generazioni le immagini di un possibile e prossimo nuovo territorio di esperienze.

A 400 chilometri sopra il suolo non vedi più un essere umano e da lassù tu sei l'essere umano più lontano dal centro della Terra. Una rivoluzione non si può fare senza immagini, così anche l'avventura spaziale e la riconversione a una nuova *forma mentis* prima planetaria e poi extra-planetaria (ma non aliena), necessita di un particolare nutrimento visuale, di contenuti processabili dalla mente visiva, dai nostri occhi.

Il futuro è anticipato da nuove visioni. Ecco perché le immagini sono importanti.

Mi piace pensare che le foto dallo Spazio possano contribuire a migliorare la sensibilità per la conservazione degli equilibri climatici, in un'ottica di sostenibilità intelligente che non escluda la tecnologia. Anzi, proprio la tecnologia può sostenere la sostenibilità ambientale e la rivoluzione verde di una *green economy*.

Nuove abitudini di consumo

Uno dei motivi per cui vale la pena andare nello Spazio è la possibilità di vedere la Terra in un modo totalmente nuovo e diverso.

Certo, capita spesso che le condizioni atmosferiche

sull'area che ti interessa non siano delle migliori per la presenza di nebbie, nuvole estese o sistemi temporaleschi. In questi casi resti a bocca asciutta. O potresti essere in uno di quei momenti quando, per via dell'angolo tra il Sole e la stazione, questa è illuminata anche di notte per cui il Sole ti acceca e la Terra risulta buia. Certo, sei cosciente di non vedere lo spettacolo dalla poltrona del tuo salotto, e occorre fortuna per trovare una situazione astronomicamente e atmosfericamente favorevole per riuscire a fare un bel safari fotografico.

La resa delle immagini e la possibilità effettiva di cogliere il pianeta in una situazione significativa dipendono anche dal "programma di volo", così se l'intervallo di visibilità capita di notte, occorre accontentarsi di immagini notturne, che comunque possono essere molto interessanti.

Io ho scattato personalmente dalla stazione spaziale molte fotografie notturne che mostrano una nuova "geografia" di diverse aree del globo, di nazioni e città. Per esempio, l'intensità delle luci notturne, la loro concentrazione rivela degli aspetti poco noti della nostra vita quotidiana.

Hai mai provato a osservare quante luci rimangono accese la notte in casa, nelle strade, intorno agli impianti industriali, ai centri commerciali, agli stadi, ai monumenti, ecc.? La strada o il viale su cui si affaccia casa tua ha molti lampioni? Rimangono accesi tutta la notte? Illuminano la strada o sparano in alto verso il cielo? A che ora vengono accesi e spenti? Servono effettivamente per la sicurezza oppure no?

L'eccesso o abuso di elettricità non è solo pubblico, può essere anche privato. Tu dormi con la luce accesa o al buio totale? E come abbiamo abituato i nostri figli, forse a mantenere sempre accesa una lampadina in camera da letto?

Nella vita quotidiana, siamo talmente circondati dalla luce che forse non riusciamo più a farne a meno e a volte rischiamo di sprecarla.

Per esempio, spegnere i LED, la spia del televisore o del computer può servire, in una grande città, a far risparmiare un bel po' di energia e quindi risorse. Le foto di notte dallo Spazio possono rivelare la quantità di spreco delle varie aree della Terra e delle popolazioni che le abitano.

La notte rimane un osservatorio particolare per scoprire, anche dallo Spazio, le nostre abitudini di consumo.

In genere sulla Terra, se si guarda una pianura, dei laghi, il corso di un fiume o delle colline da una montagna, il panorama rimane identico a se stesso per un certo periodo di tempo. Dal mattino al tramonto occorre aspettare per apprezzare i mutamenti in corso nei paesaggi naturali, invece nello Spazio è il quadro sottostante, è il panorama che si sposta con una velocità impressionante. Inoltre, diversamente da come si può osservare da un'automobile o da un aereo, da quell'altezza si vede la Terra più come un insieme, anche se di volta in volta allo sguardo ti si offre una porzione differente di questo insieme.

In orbita, la velocità dell'osservatore e la vastità del panorama sono al massimo. Se ti trovi su una navicella che va – come nella stazione orbitale – a oltre 7 chilometri al secondo, 28.000 chilometri all'ora... vuol dire che nel giro di mezz'ora cambi continente, stagione, panorama, il giorno e la notte... e sotto di te l'assetto della sfera, del globo terracqueo, cambia costantemente con il risultato che il panorama è unico, diverso, secondo per secondo in base alla posizione del Sole, della Luna, ecc.

La Terra è come una modella che varia di continuo il suo aspetto e si esibisce con abiti sempre differenti, mutando faccia in modo sorprendente: a volte è blu, oppure bruna, rossa, bianca... Talvolta appare forte con colori e paesaggi decisi, scolpiti, vigorosi, altre volte appare seducente, delicata, sensuale. Talvolta ha le fattezze e le movenze ingenue di una bambina oppure l'aspetto felpato e sornione di un gatto. Ti viene voglia di restare lì tutto il giorno a guardare e fotografare perché hai l'impressione di perdere qualcosa di unico e irripetibile se non sei pronto a vedere, gustare e fissare per sempre quell'attimo.

© ESA/Gabriele Rigon

Nella Soyuz, durante gli esami finali, alla Città delle Stelle: "Non sgomitate, grazie!".

© NASA/Roscosmos

3, 2, 1, Пуск.
Finalmente si parte!

© NASA/ESA

La Stazione Spaziale Internazionale: avamposto dell'umanità nello Spazio.

© NASA/ESA

Stazione, attenzione stiamo arrivando!

Appena arrivati sulla Stazione. Tutto sotto controllo!

12 aprile 2011, festeggiamo a bordo il cinquantesimo anniversario del volo di Yuri Gagarin.

Partecipanti a MISSION X: “Forza, GO!”.

© NASA/ESA

I pacchi "della Croce Rossa" arrivati con il veicolo di rifornimento giapponese HTV.

© NASA/ESA

Alle prese con MELFI, il frigo a – 80 °C, nel laboratorio giapponese Kibo.

"L'atterraggio morbido" della Soyuz TMA–20 nella steppa del Kazakistan.

Sopravvissuti agli oltre 1500 °C del rientro nell'atmosfera, aspettiamo che il nucleo

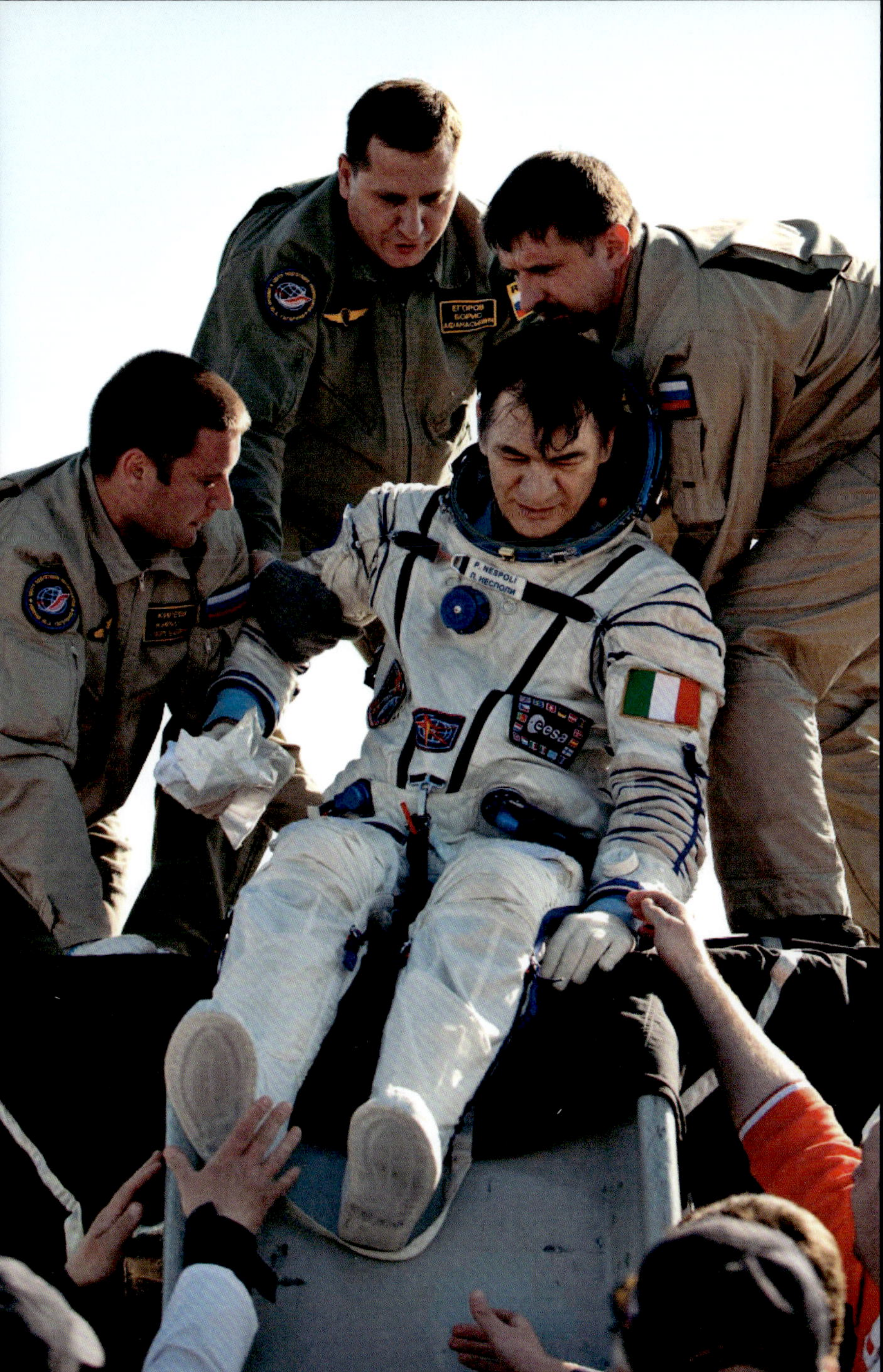

"Gravity sucks – la gravità è pesante!" è stato uno dei primi pensieri al rientro dopo 159 giorni in orbita.

Milano con le sue tante luci che forano il cielo.

L'Italia "accesa" di notte.

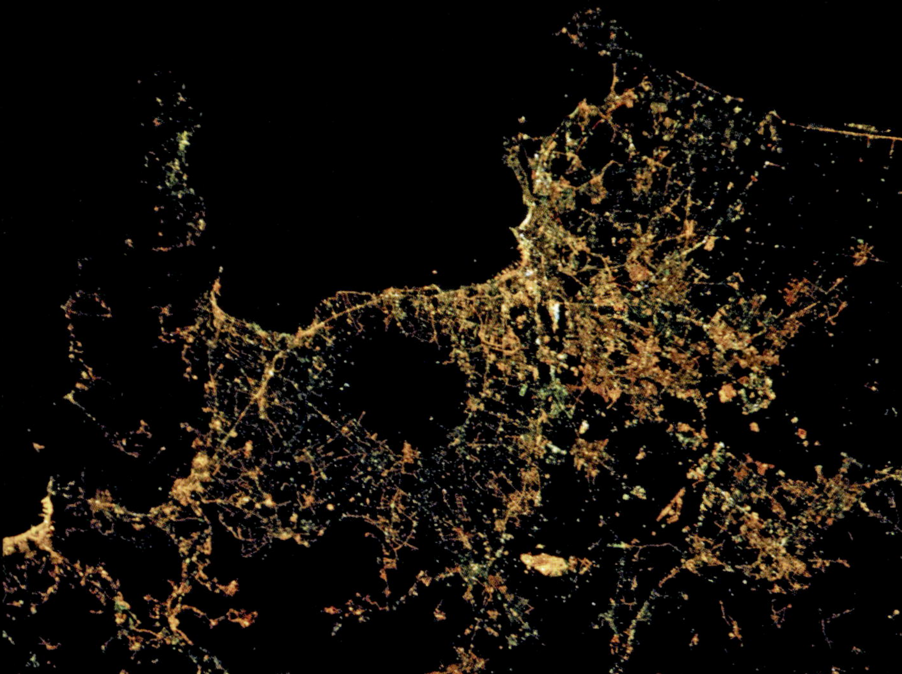

Napoli di notte. È un po' inquietante vedere l'orma del Vesuvio in mezzo a tante case…

La Sardegna, il giardino dell'Eden italiano.

La costa Est della Sicilia. L'Etna innevato e sonnecchiante.

Montagne nella regione di Fars in Iran, la culla della civiltà persiana.

Il drago formato da una diga sul fiume Eufrate in Iraq.

Il Grand Canyon in Arizona, USA, sembra quasi un canalone di Marte.

La penisola del Sinai in Medio Oriente.

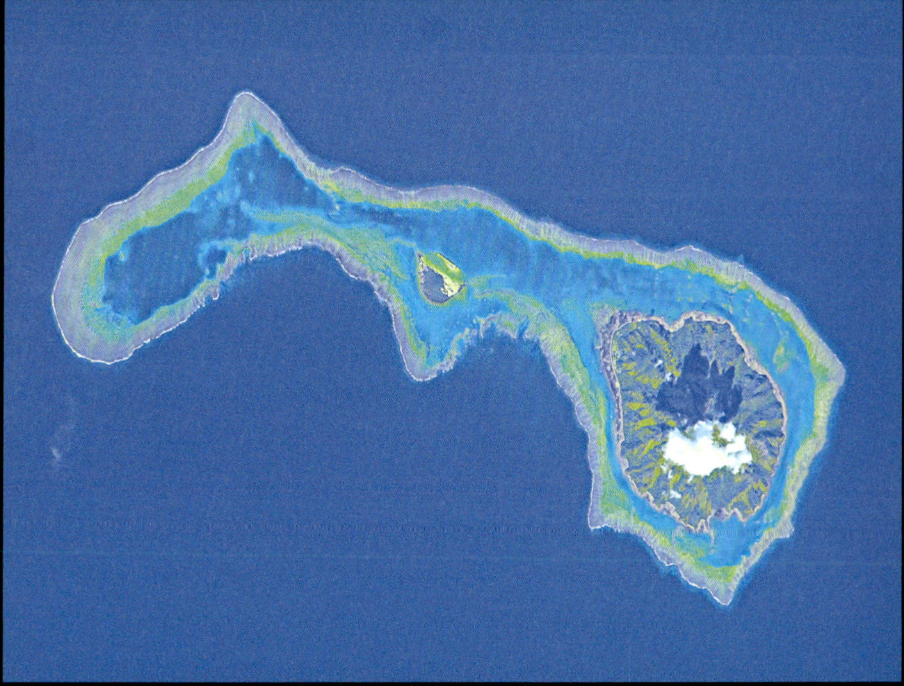

© NASA/ESA

Moce & Karoni, Fiji, isole da Robinson Crusoe.

© NASA/ESA

Drappeggi di sabbia nei bassi fondali attorno alle Bahamas nei Caraibi.

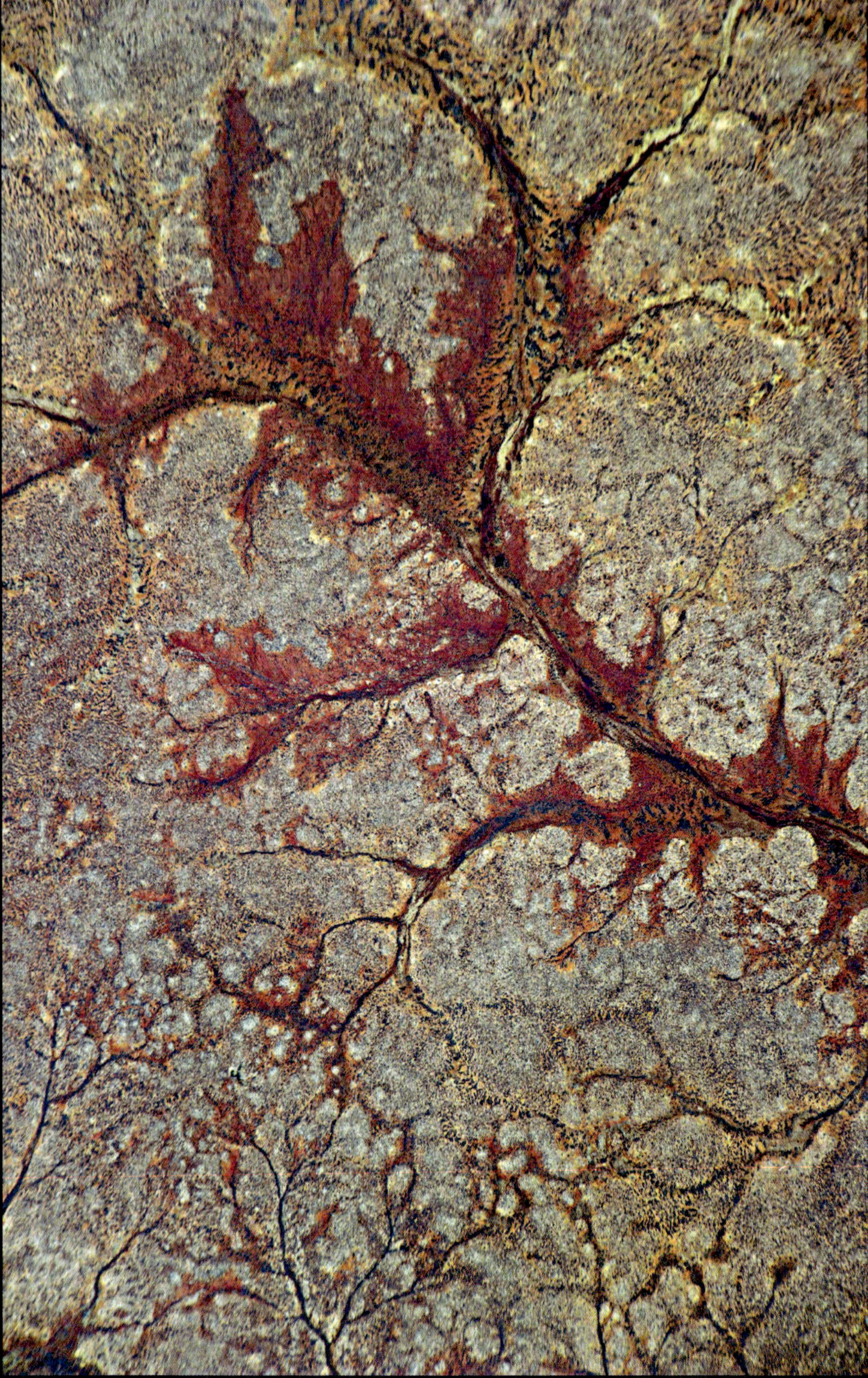

Sembra una vena "scoppiata", ma sono fiumi fossili in un deserto della Somalia.

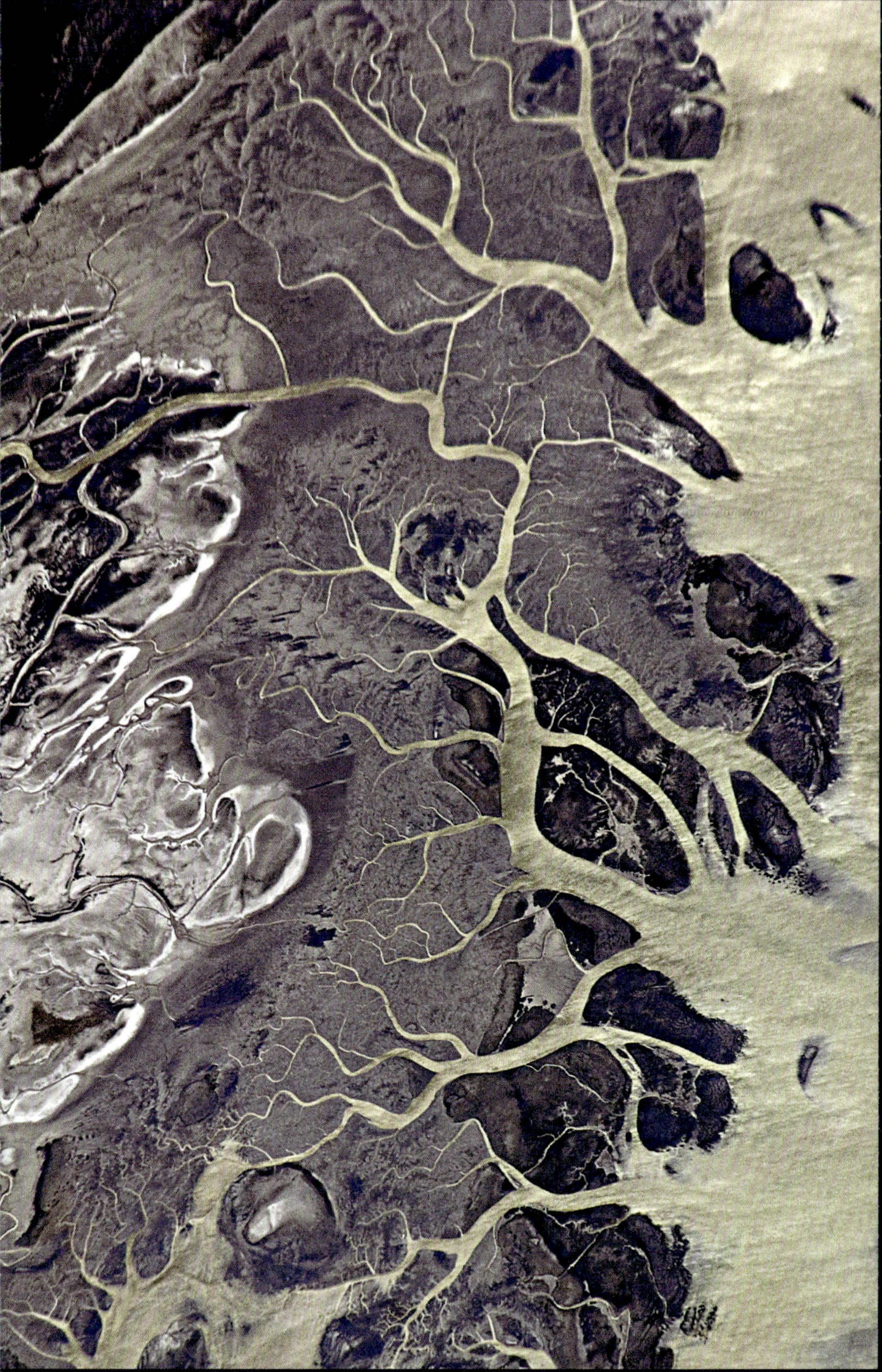

© NASA/ESA

Mare e terra si fondono nella Bahia Anegada a sud di Buenos Aires in Argentina.

Il lago Gairdner nell'Australia del Sud.

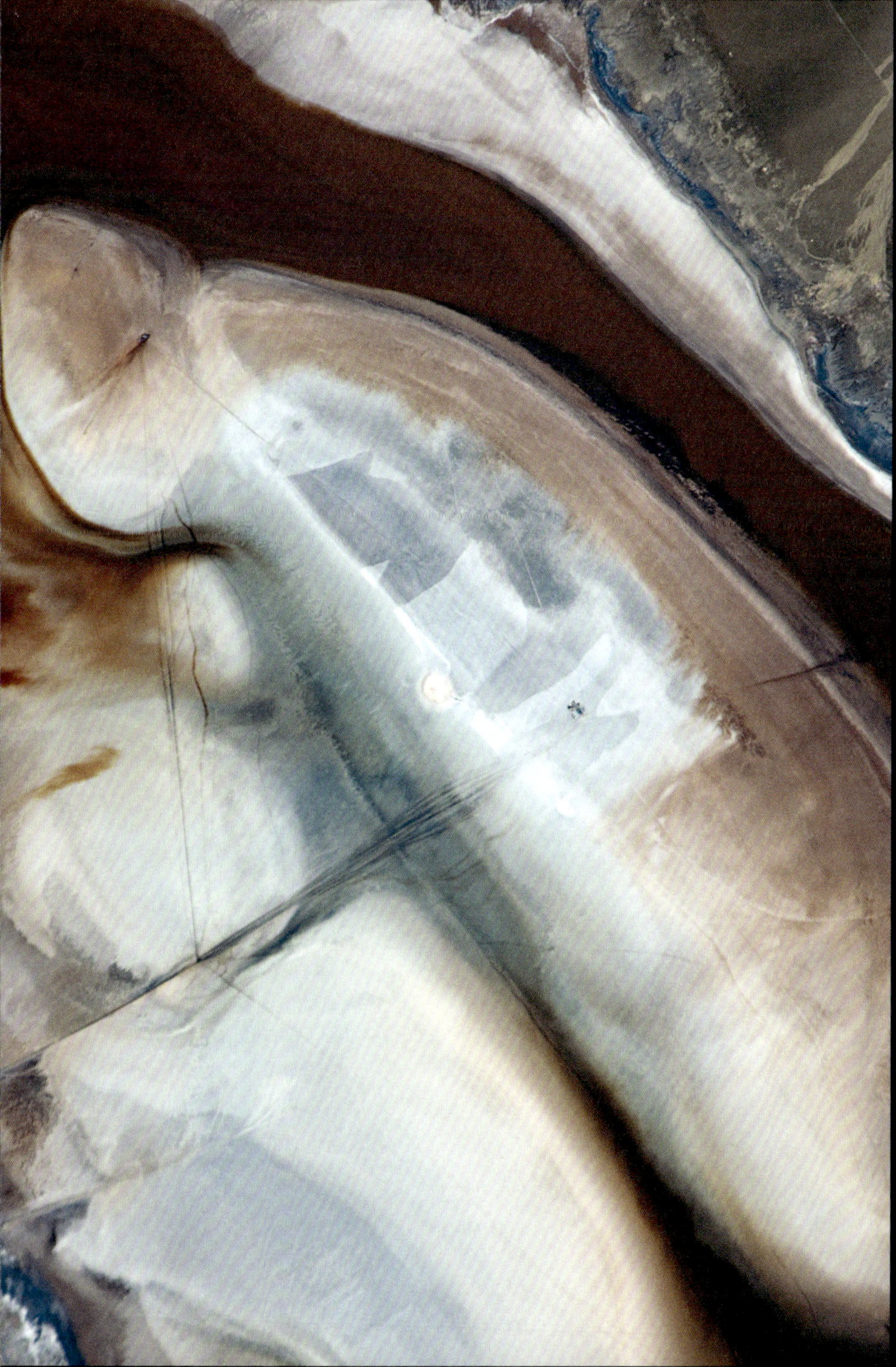

© NASA/ESA

La Salar de Uyuni in Bolivia è la più grossa distesa salata del mondo.
Anche i pochi hotel del territorio sono fatti di sale!

I vulcani di Licancabur e Juriques con il lago Laguna Verde sul confine tra Cile e Bolivia.

Il monte-vulcano Taranaki o Egmont in Nuova Zelanda.

Chuquicamata, in Cile, è la più grande miniera di rame a cielo aperto del mondo.

"Alfabeto Braille" nel deserto libico.

In Australia del Sud brilla il lago Cadibarrawirracanna
(in aborigeno "lago dalle stelle che danzano nell'acqua").

© NASA/ESA

Venezia vista dallo Spazio sembra proprio un gioiello di Murano.

Il delta del fiume Mississippi nel Sud degli Stati Uniti.

Lo Space Shuttle Discovery lascia la ISS e se ne ritorna sulla Terra.

La cupola, la nostra finestra sul mondo..

Lo Space Shuttle Discovery in arrivo sulla ISS.

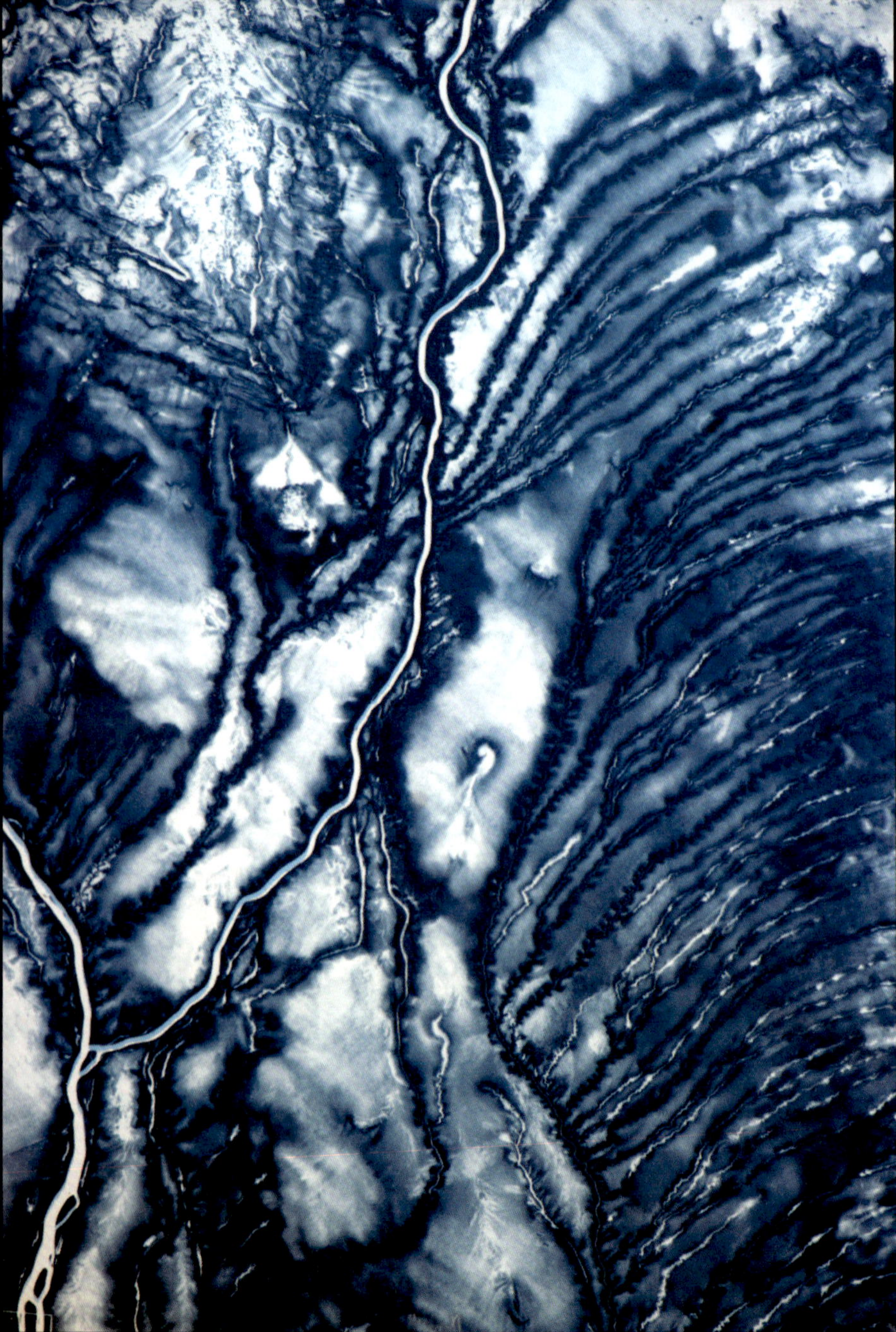

Il Nord del Canada sotto la morsa del gelo.

L'Italia vista dalla Stazione Spaziale Internazionale.

Il sorgere della Luna: uno spettacolo affascinante anche dallo spazio.

La luna "schiacciata" vista dalla ISS. Ma come è possibile?

Comunicare

Trasmettere le emozioni, stimolare la curiosità

Twitter o Facebook?

A 36.000 chilometri dalla Terra, in posizione geostazionaria, la NASA ha istallato una costellazione di satelliti chiamata Tracking and Data Relay Satellite System (TDRSS) che sostanzialmente permette le comunicazioni audio, video e dati fra stazioni dislocate nei vari punti del pianeta. Anche la Stazione Spaziale Internazionale usa questo sistema e per via del fatto che essa non è fissa su un punto della Terra, ma vi gira attorno a 28.000 chilometri all'ora, cambia satellite di riferimento in continuazione e di tanto in tanto ci sono dei momenti bui dove le trasmissioni singhiozzano o si perdono momentaneamente. La banda passante, cioè la quantità di dati che il sistema può gestire, è larga abbastanza da permettere lo scambio di dati, generalmente parametri e comandi, tra i sistemi della stazione e i centri di controllo, così come l'effettuazione simultanea di numerose comunicazioni audio e video.

Attraverso queste comunicazioni anche noi astronauti abbiamo la possibilità di essere collegati con il mondo, ricevere posta elettronica ufficiale e privata, fare chiamate telefoniche usando un sistema Voice over

Internet Protocol (VoIP), tenere videoconferenze con i nostri cari e navigare in Internet. Non sempre tutto fila liscio: se incappi nel trasferimento della chiamata fra un satellite e l'altro, cosa che capita ogni 15-20 minuti, ti cade facilmente la comunicazione o potrebbe essere addirittura sospesa se il satellite dove passi è "occupato" o le antenne della stazione non riescono a puntarlo.

I collegamenti mail non sono fatti direttamente a bordo ma passano attraverso il Mission Control Center (MCC) a Houston dove vengono filtrati e controllati attentamente per impedire che virus o software malefici arrivino sulla stazione. Questo fa sì che non ricevi/spedisci mail in tempo reale ma che le invii e ti arrivino a blocchi, 2-3 volte al giorno.

Il collegamento a Internet è invece attivo, sempre che ci sia il satellite disponibile. Ma è molto lento, simile ai collegamenti telefonici impiegati per Internet qualche anno fa, e ciò è dato dal fatto che a bordo si controlla un computer remoto istallato al Mission Control Center e solo questo è collegato a Internet. Ciò comporta un isolamento fisico della stazione da Internet (se c'è un solo virus il computer a terra ne è affetto) e poter navigare in sicurezza. Attraverso questo collegamento possiamo interagire con i social network.

Devo essere sincero a questo proposito: i social network un po' mi spaventano perché li percepisco come una carta assorbente che ti prende e non ti lascia più andare. Già ho il mio bel da fare a gestire le mie due caselle di posta elettronica, una di lavoro e l'altra personale: ricevo dozzine e dozzine di mail ogni giorno che riesco a malapena a gestire e più rispondi più te ne arrivano. Qualche tempo fa ho ricevuto un invito a iscrivermi a Facebook, cosa che ho fatto perché mi incuriosiva. Ma solo dopo pochi minuti dall'iscrizione ho subito cominciato a ricevere richieste di contatto. Ho chiuso velocemente e non vi sono più entrato!

Una volta che ero a Baikonur come back-up di un equipaggio, vidi un mio collega della NASA così preso da Twitter da sembrare più concentrato sui messaggini che arrivavano in continuazione che sulle cose che doveva fare per prepararsi al lancio e restare in orbita sei mesi. Non mi sembrava un uso oculato del tempo!

L'esperienza che ho vissuto in orbita, invece, mi è servita anche a scoprire le immense possibilità di questi sistemi. Posso dire che il loro uso dallo Spazio rappresenta una specie di esperimento mediatico che ha dato degli ottimi risultati. Io ho decisamente preferito utilizzare Twitter invece di Facebook perché Twitter secondo me è un po' più facile da gestire o comunque in quel momento, in quella missione, mi permetteva una maggiore libertà di utilizzo, una metodologia più friendly. Twitter è interessante anche perché ha dei meccanismi di valutazione istantanea del livello di gradimento di un messaggio. E se sei un twittatore con tanti seguaci, il tuo "voto" relativo a eventi e opinioni diffuse sul web vale di più, ha un peso maggiore nella comunità degli utilizzatori dei social network.

Alcuni astronauti avevano già utilizzato Twitter in precedenza con buoni risultati, per cui questa forma di comunicazione non era nuova alla NASA. L'ESA stessa aveva degli account ufficiali attraverso i quali cercava di raggiungere il maggior numero di persone. Fulvio Drigani, il responsabile dell'ESA di questi account, ha pensato che non sarebbe stato male se anch'io fossi entrato in questa dimensione e avessi aiutato l'ESA a espandere la sua base di seguaci. Così mi hanno avvicinato e chiesto se con il loro aiuto avrei acconsentito a entrare nei social network.

Ci ho pensato un po', e poi per non sentirmi un dinosauro ho detto: proviamo! Mi intrigava anche il metodo di comunicazione usato da Twitter: messaggi di 140 caratteri tutto compreso. E così è nato @astro_paolo, seguendo lo standard dei nominativi iniziato dalla NASA. Cosa si riuscirà mai a dire in 140 caratteri? pensavo. Abbastanza e ogni tanto troppo, ho scoperto dopo...

All'inizio mi era stato proposto di lasciare all'ESA la gestione del mio account. Non per malizia o non fiducia, ma perché ci si rendeva conto che questo avrebbe potuto richiedermi un investimento di tempo che in quel momento del mio addestramento sicuramente non avevo.

Quando poi ho insistito a voler fare tutto da solo, mi sono state sottoposte delle regole di comportamento che avrei dovuto seguire in Twitter, incluso l'obbligo di avere il loro ok prima di poter mandare un tweet. A questo mi sono fermamente opposto, asserendo che l'account era "mio" e che non ci doveva essere alcuna forma di "censura spaziale". E sono sempre riuscito a mandare "cinguettate" in modo indipendente, ricevendo dalla struttura solo un forte aiuto nella gestione del traffico e delle foto che ho inviato ogni giorno.

È stato veramente necessario uno sforzo notevole per mantenere la mia indipendenza nel rapporto diretto con i miei follower. Anche l'astronauta deve negoziare continuamente per ottenere i suoi spazi di libertà, anche se è implicito che bisogna garantire un uso sensato e responsabile del social network.

Oggi l'astronauta, quindi, è diventato un protagonista nella costruzione popolare dell'immagine della missione alla quale partecipa e indirettamente di come il pubblico percepisce il lavoro del suo Ente. Io mi sento, infatti, un elemento attivo di questo processo di costruzione, di quella bella avventura che consiste anche nel farla capire nella sua particolarità, nei suoi valori e unicità.

È stata compresa l'importanza dei nuovi media per ottenere visibilità, anche attraverso la complicità e l'entusiasmo dei follower, seguaci e fedeli che ti seguono giorno per giorno sul tuo sito, leggono i tuoi messaggi e a loro volta rimandano ad altri frequentatori e comunità del web, espandendo in modo virtuale la conoscenza dell'esperienza astronautica e della missione.

L'esperienza di Twitter è andata così bene e le foto sono state accolte con tale entusiasmo che la giornalista Claudia Di Giorgio, appassionata di temi scientifici spaziali e conduttrice di "Le Scienze Blog", ha proposto ai suoi lettori di votarmi come miglior fotografo dell'anno nella categoria scienze degli Shorty Awards, l'equivalente degli Oscar per Twitter. La cerimonia, svoltasi a New York, è stata aperta con un video che conteneva un contributo visivo che ho mandato dallo spazio assieme alle testimonianze di altri personaggi quali Richard Branson e Hillary Clinton. Non ho vinto lo Shorty Award, ma ci siamo andati vicino!

Meglio una mail o una telefonata?

Sebbene l'esperienza di Twitter sia stata molto positiva, quando mi è possibile cerco di comunicare direttamente a voce, non in forma scritta. Per esempio, preferisco rispondere alle domande di un'intervista direttamente, dal vivo, invece di fornire risposte differite o scribacchiate su qualche file da inviare per posta elettronica. Anche dallo Spazio facevo lo stesso: registravo le risposte e mandavo l'audio clip via mail. Penso che per chi ha molte cose da fare, la velocità, l'immediatezza e la genuinità dell'informazione sono valori prioritari. Per cui se ti capiterà di frequentare la comunità astronautica, può darsi che tu senta dire che "Nespoli preferisce la chiamata a voce". In questo forse rivelo la mia origine italiana.

Noi italiani siamo tra i più grandi consumatori di telefonia del mondo. Parliamo molto al telefono, e forse esageriamo un po', anche perché così facendo siamo spesso poco sintetici e chiari.

Ma il dato interessante è che preferiamo di gran lunga la telefonata, il rapporto diretto con il nostro interlocutore, rispetto alle mail. Il contrario di quello che accade nei paesi di lingua anglosassone, dove preferiscono il messaggio scritto. Nella cultura anglosassone, si comunica molto di più con SMS e posta elettronica che con il contatto telefonico.

Concordi con questa osservazione? Ti sei chiesto il perché? Tu a quale categoria appartieni?

Ti sarà capitato di osservare che le mail o gli SMS sono più facili da usare quando vuoi liquidare qualcuno o vuoi mandare un messaggio secco, senza tanti giri di parole.

Telefonare invece vuol dire far sentire la tua voce, dialogare, esporti a eventuali domande dell'altro, rischiare di far capire dove ti trovi: al lavoro, in strada o al bar. Perché al telefono si sentono anche i suoni o i rumori di sottofondo, quelli del contesto in cui sei presente in quel momento. Insomma, il telefono ti rivela di più, mentre le parole scritte possono diventare una maschera, una barriera dietro la quale nasconderti. D'altra parte, quando hai bisogno di un'informazione immediata e sicura e sei tu il primo interessato a volere una conferma diretta e di prima mano, telefoni senza esitazione invece di mandare una mail o un SMS e attendere la risposta scritta al tuo cellulare o computer.

Anch'io mi sono chiesto perché gli italiani preferiscano la voce come strumento di comunicazione rispetto alla mail, alla parola scritta. È evidente che la voce comunica qualcosa che va oltre l'informazione contenuta nel messaggio scritto, perché dal tono, dalla velocità, dal timbro e dalle pause con cui parli, si può capire la qualità delle emozioni.

Si può capire se la persona che ci parla a distanza è bendisposta o alterata, ansiosa o preoccupata. Al telefono è addirittura più difficile dire bugie ed è più facile capire se qualcuno sta mentendo. Questo perché la voce ci fornisce più informazioni sul nostro interlocutore. Ci dice in quale stato si trova chi parla all'altro capo del filo. Per cui possiamo regolarci di conseguenza.

Essendo un popolo mediterraneo, noi italiani diamo molta importanza a questi stati d'animo, e il telefono rimane per me uno strumento di comunicazione insostituibile.

Questa attitudine alla comunicazione verbale, immediata e istantanea, l'ho adottata anche come metodo per le interviste. Non guardo mai le domande prima del mio intervento. Preferisco essere spontaneo. Mi sono accorto che quando devo registrare un'intervista, faccio molta più fatica rispetto a un'intervista dal vivo, in diretta. Forse perché nel momento della registrazione entra in gioco una preoccupazione, una riserva emotiva e mentale preliminare che frena la mente e un po' ne altera le risposte, come se mi stessi concentrando di più sulla precisione delle frasi, sulla dizione delle parole, sulla correttezza della sintassi che sul contenuto e sulla trasmissione di valori, stati d'animo, sentimenti. In definitiva, credo che la genuinità, la spinta dell'immediatezza, l'impossibilità di fermarsi e ri-registrare la risposta, portino a un prodotto più sentito e più vero.

Nello Spazio, tuttavia, oggi è molto difficile twittare con una connessione aperta 24 ore su 24, inviare messaggi e rispondere immediatamente, come quando si gioca a ping-pong e come fanno molti twittatori. Dallo Spazio funziona di più il tweet uni-direzionale: io scrivo e tutti mi possono leggere, ma è difficile interagire immediatamente con le risposte, che la maggior parte delle volte ti arrivano in differita. Anche per evidenti ragioni di tempo. Così ho utilizzato Twitter alla stregua di un diario di bordo visivo. Ogni giorno almeno un tweet con una foto, il più delle volte tre o quattro, per raccontare meglio la mia avventura nello Spazio.

Per chi si occupa di web e social network, la missione nello Spazio assume un contorno tutto particolare. Già prima di partire mi ero ripromesso di utilizzare Twitter ogni giorno per comunicare con la Terra. Molte persone si sono iscritte al mio account e sono andate a sbirciare la pagina di astro_paolo di Twitter sulla quale si potevano leggere i messaggi freschi di giornata. Anche molto inusuali per la comunità del web. La mia idea era quella di usare tweet per trasmettere il particolare stato d'animo che vivevo, non solo informazioni.

Volevo trasmettere empatia e far partecipare alla missione i miei follower dal punto di vista emozionale.

Così, per esempio, da Baikonur il giorno della partenza della missione, twittavo un messaggio ispirato alla canzone di Domenico Modugno: "Volare, oh, oh, cantare, oh, oh, oh, oh. Inseguiamo insieme i sogni. A presto...". Questo anche a ricordo della canzone che cantavano in Florida a Capo Kennedy i miei amici e famigliari al momento della partenza della mia missione precedente sullo Shuttle.

Credo che l'onda portante che ha stimolato l'interesse della gente, le comunità dei social network, sia dovuta a questo spirito informale di condivisione dell'avventura, di immediatezza e di spontaneità. Dopotutto, la comunicazione cos'è? Non è solo informazione: è trasmissione di emozioni, di uno stato d'animo. Io la vivo come un'esperienza qualitativa, non solo come un insieme di dati informativi.

Se Twitter è stato lo strumento più rapido e easy con il quale ho comunicato con il mondo e con i miei follower, non sono mancati i video diffusi tramite YouTube. Diciamo che in orbita non mi sono fatto mancare nulla delle varie forme di trasmissione tecnologica. Anche questa è una "nuova frontiera". La missione spaziale orbitale alla quale ho partecipato è stata anche una grande esperienza d'interazione tra astronauta e pubblico, un'innovazione sostanziale in termini di comunicazione dallo Spazio perché non è stata solo o prevalentemente comunicazione tra astronauti e centri di controllo a terra, ma direttamente fra gli astronauti e la gente.

Ha coinvolto non solo tecnici, appassionati di scienza, di astronomia, astrofisica o tecnologia, ma anche comuni cittadini e molti giovani tra cui moltissimi studenti, sentitisi toccati di prima mano dall'esperienza che si stava svolgendo sulla ISS. Gli esperti di comunicazione sociale affermano che questo modo di comunicare ha, infatti, rappresentato una grande novità: mail, twitter, video-interviste, videoconferenze, conference call, interventi in streaming. Una grande palestra di comunicazione Spazio-Terra davvero globale. È servita senza dubbio a far sentire me e l'equipaggio più vicini al pianeta e le persone a terra, amici intimi o passanti casuali, più vicine alla ISS, allo Spazio.

Nella stazione orbitale sono attive diverse reti di computer che funzionano con scopi e modalità diversi.

La rete di base si chiama Personal Computer System (PCS), ed è quella che sorveglia e controlla i sistemi della stazione. Attraverso i terminali di questa rete, presenti pressoché in tutti i moduli, si può verificare lo stato dei sistemi di bordo e inviare comandi, anche distruttivi. I computer, ridondanti tra loro, usano il sistema operativo Unix e sono collegati attraverso una rete speciale costruita sia dal punto di vista software che hardware secondo le specifiche dello standard militare MIL-STD-1553, uno standard ridondante e autocorreggente. Su questa rete c'è anche il Caution & Warning System (CWS), il sistema che segnala gli errori e le situazioni di emergenza. Corriamo tutti a un terminale PCS per leggere che cosa riporta il sistema quando c'è un allarme a bordo. Per gli standard di oggi è lenta, ma ha il vantaggio di essere molto robusta e in grado di resistere e autocorreggersi in caso di problemi locali come l'arresto di un computer o la rottura di qualche linea di trasmissione.

La rete operativa si chiama Space Station Computer (SSC). Questa rete, abbastanza veloce, è basata su server Linux e i computer, compresi alcuni dislocati al Mission Control Center a Houston, sono collegati tra loro attraverso una Local Area Network Ethernet e usano un sistema operativo Microsoft. Più o meno lo stesso standard delle normali reti che si trovano nei nostri uffici a terra. Almeno 3-4 laptop facenti parte di questa rete sono disponibili in ogni modulo della stazione, e ce n'è uno in ogni Crew Quarter, la nostra cuccetta personale. Su questa rete girano tutte le informazioni che servono per lavorare come, per esempio, la tua pianificazione giornaliera e quella dell'intero equipaggio, compresa quella per la gestione delle strutture di bordo. Questa rete permette quindi di avere una visione completa e panoramica sulle attività della giornata. Attraverso di essa si accede anche a tutte le procedure di bordo, un'enciclopedia apparentemente infinita dove tutto è registrato e catalogato, e dove, ogni volta che devi fare qualsiasi cosa, bisogna andare per seguire passo-passo la procedura dedicata (c'è una procedura per tutto, dalle cose più semplici a quelle più complicate). Attraverso questa rete si comandano e controllano gli esperimenti e si registrano e trasmettono a terra i risultati dei vari test. Inoltre, è possibile mandare messaggi diretti a terra, ricevere o mandare posta elettronica ufficiale, o inviare e ricevere foto. Tutte le foto che scattiamo a bordo, migliaia per giorno, sono inviate a terra attraverso questa rete. Anche il sistema Voice over Internet Protocol, cioè il telefono di bordo, gira su questo computer, così come il software NetMeeting, vale a dire quello che ci permette di fare videoconferenze. Infine sui computer di questa rete si può far girare il programma WorldMap, un'applicazione speciale costruita e gestita appositamente dalla NASA, tramite la quale è possibile sapere in ogni momento su quale parte del mondo si sta transitando, o guardare indietro, o avanti, sulle orbite passate o future.

La terza è la rete privata. Consiste in laptop Microsoft e server Linux collegati tra loro attraverso una rete ethernet standard. Ognuno di noi ha un laptop personale che gira su questa rete, configurato con il software che abbiamo richiesto prima di partire. C'è chi richiede dei giochi al computer e chi invece un programma per imparare una lingua o a suonare uno strumento musicale. Su questo laptop ci sono anche programmi per l'elaborazione di immagini o video. La configurazione del computer è libera ed è addirittura possibile cambiare lo sfondo del desktop (cosa non possibile sugli altri computer). Di solito questo computer si trova nel nostro Crew Quarter, e puoi vederci i tuoi CD o DVD personali e accedere a Internet e alla tua posta elettronica attraverso un altro computer al Mission Control Center. Durante la missione ho usato questo sistema per vedere e pagare le bollette di luce, acqua e gas, trasferire soldi a Bob, il mio vicino a Houston che mi dava un'occhiata alla casa, pagare le mie carte di credito. Ho persino comprato dei biglietti aerei per mia moglie e mia figlia!

Insomma, a bordo c'è una rete digitale e un'interfaccia computer per ogni situazione, per ogni modulo e per ogni astronauta. I terminali sono tutti uguali, dei laptop non nuovissimi ma abbastanza potenti, caricati e collegati con software e hardware diversi secondo l'uso e la destinazione. I laptop ti permettono di gestire i sistemi di bordo e reagire in caso di malfunzionamenti. Ti indicano come e dove lavorare. E ti permettono di vivere la tua vita e sentirti collegato a terra, ai tuoi interessi, ai tuoi cari.

Il computer più avanzato è probabilmente il tuo

La situazione sulla Stazione Spaziale Internazionale è interessante perché da un lato è all'avanguardia per quanto riguarda la tecnologia avanzata: materiali avveniristici, strumentazioni complesse, software esclusivi; dall'altro è un po' più datata, soprattutto negli equipaggiamenti che usiamo tutti i giorni come computer o macchine fotografiche. Questo perché le procedure di qualifica delle apparecchiature e dell'equipaggiamento di bordo sono lunghe, complesse e costose. Tutte le apparecchiature, infatti, devono essere selezionate, testate, qualificate, approvate e approvvigionate in quantità sufficienti per garantire la loro disponibilità durante la vita pratica sulla stazione. Si parte sempre dal presupposto che tutti questi dispositivi potrebbero arrecare danno alla stazione o nuocere alla salute dell'equipaggio. Per questa ragione, per poter essere qualificati al volo, vengono presi, bruciati, fatti a pezzi, sottoposti a test estremi. Queste procedure richiedono parecchi mesi, se non anni, con il risultato che, quando un particolare equipaggiamento arriva finalmente in orbita, non è più all'avanguardia o addirittura non è già più in commercio. Questo accade soprattutto al giorno d'oggi, perché la tecnologia e le capacità tecniche fanno passi da gigante, per cui un computer o una macchina fotografica comprata oggi è vecchia e superata già un paio di anni dopo.

Se vuoi avere un laptop come quello utilizzato sulla stazione puoi trovarlo probabilmente solo su eBay, usato, da qualcuno che se ne vuole disfare per comprarsi il modello nuovo. Il computer e la macchina fotografica che tu usi oggi, probabilmente sono più avanzati di quelli forniti dalla NASA che abbiamo adesso sulla stazione spaziale.

Attualmente la NASA, conscia del problema di non riuscire a mettere a disposizione sulla stazione apparecchiature all'ultimo grido, sta cercando di snellire le procedure di qualifica. Specialmente per piccoli oggetti elettronici comuni come laptop e macchine fotografiche, che non hanno un impiego strettamente operativo; o piccoli terminali dell'Inventory Management System (IMS), il sistema software di catalogazione e gestione di tutto quello che è a bordo della stazione; o come i laptop che mostrano la pianificazione giornaliera e le procedure di bordo.

Di solito, quando si fa qualsiasi attività a bordo, si finisce per avere almeno 2-3 laptop aperti e nelle vicinanze. E se ti sposti anche solo di qualche metro ti devi portare tutto il sistema appresso, scollegando e ricollegando cavi e cavetti. Come sarebbe bello avere dei tablet PC leggeri e maneggevoli che ti puoi portare addosso senza problemi!

Normalmente, sulla Terra, la mia curiosità e fame di novità mi spinge a desiderare l'ultimo modello di un'apparecchiatura, la versione più avanzata, a volte avveniristica, di un prodotto, dello stato dell'arte in un determinato ambito: fotografia, computer, telefono, ecc. Vorrei fare lo stesso in orbita. Per esempio, mi piacerebbe portare in orbita dei tablet PC per gestire le procedure e l'equipaggiamento di bordo. O addirittura usare sistemi VoIP per parlare con i centri di controllo a terra. Oggi come oggi se vuoi chiamare via radio devi andare nella postazione fissa dove è presente un microfono. Questo comporta spreco di tempo, inefficienze ed errori. Non vedo perché non si possa invece collegarsi attraverso un'applicazione di videoconferenza tipo Skype, usando un piccolo palmare agganciato all'avambraccio.

Per me le novità tecnologiche non sono tanto degli status symbol, e mi interessa molto di più la loro funzionalità e l'aiuto che ti possono dare. Il mio rapporto con i supporti tecnologici non è come quello dei giapponesi che nutrono nei confronti dei dispositivi elettronici e tecnologici in genere un rapporto quasi reverenziale. Li percepiscono come totem, oggetti sacrali. A me interessa la funzionalità e la praticità d'uso. E mi piace che siano belli, di gusto.

Dallo Spazio avrei avuto la possibilità tecnica di rispondere a ogni singolo tweet. Ma non ne avevo certo il tempo, per cui cercavo di prendere l'iniziativa e inviare dei tweet stimolanti che invogliassero a essere seguiti e corrisposti. E siccome buona parte dei seguaci erano non italiani, di solito twittavo in due lingue: italiano e inglese. E di solito il mio tweet era in realtà un commento, una riflessione, una domanda legata a un'immagine.

Durante il giorno di Capodanno, che ho passato in orbita, ho inviato dei tweet tipo "poesia zen" e "haiku": "Si vedono i fuochi artificiali da quassù...". In molti hanno risposto con le loro riflessioni sull'arrivo del nuovo anno.

Dopo aver fatto una foto notturna di Karachi ho inviato un tweet con la foto e i saluti agli amici pachistani. Immediatamente c'è stato un picco di risposte provenienti dal Pakistan!

O magari accompagnavo uno scatto interessante di una città notturna con l'indovinello: "Che città è questa?" o "Di che capitale europea si tratta?". E immediatamente arrivavano tweet di risposta.

Molte tra le immagini che ho twittato sono finite su importanti quotidiani nazionali, in prima pagina, o per documentare la realtà del viaggio o perché erano semplicemente belle e facevano vedere con occhi diversi una città, una nazione o un particolare geografico. Un po' come succedeva agli esploratori inglesi del secolo scorso inviati dalla National Geographic Society, quando spedivano i loro rapporti a Londra e questi occupavano le prime pagine del "Times". Segno che la nuova frontiera spaziale attira un'audience vasta, diversa, varia.

Per me era anche importante stimolare la curiosità, cosa che si faceva bene attraverso il quiz fotografico. A volte scattavo un particolare di un oggetto spaziale, magari un oggetto comune ma difficilmente riconoscibile nella veste spaziale. La domanda era: "Cosa è questo?". Così arrivavano molte risposte, alcune veramente bizzarre e divertenti. E dopo qualche giorno fornivo la risposta esatta.

A un certo punto mi sono inventato di twittare un "test di Rorschach", quello per cui gli psicologi ti chiedono che cosa vedi in una macchia nel bel mezzo di un foglio bianco. Io ho usato delle nuvole. L'idea mi è venuta perché a un certo punto della missione guardavo delle foto di nuvole e invece di vedere i soliti animali o delle facce, io ci vedevo delle gran pizze. Pizza margherita, pizza capricciosa, pizza ai funghi. Dopo la terza pizza mi sono insospettito e ho pensato di chiedere agli altri che cosa vedevano. Ne è seguito un intenso dibattito dove la maggior parte dei twittatori era d'accordo che avevo delle allucinazioni!

Insomma, con Twitter ho coinvolto nella mia missione spaziale moltissime persone, giovani ma non solo. Questo forse anche grazie al linguaggio delle immagini, che è più coinvolgente di quello scritto e che, grazie ai media e alle capacità tecniche attuali, è ritornato a essere ideografico, cioè molto figurato, simbolico, come gli antichi geroglifici. Siamo tornati a una descrizione della realtà meno astratta, ma più aderente a quello che vediamo, più immediata.

Facilmente ora si può far partecipe della visione dell'astronauta anche il resto del mondo, nello stesso istante.

Per rendere più semplice l'accesso a questo universo di immagini, Erica Rolfe e Maria Bennett del centro ESA di Frascati trasferivano su Flickr le immagine che io twittavo. Flickr è un sito di social network, che principalmente raccoglie collezioni di immagini, vere e proprie mostre fotografiche virtuali, e permette ai visitatori di lasciare commenti. Ancora oggi più di 700 immagini sono disponibili sul sito Flickr/magISStra, il nome assegnato dall'ESA alla missione. E m'intriga veramente ogni tanto andare a guardarle e soprattutto leggere i commenti lasciati dalle persone. Alcune immagini hanno più di cento commenti e sono state viste milioni di volte! Se volete potete vederle voi stessi su: http//www.flickr.com/photos/magISStra/

Quando sono partito per la missione avevo poco più di un centinaio di follower o seguaci, che è un indice diretto di popolarità e riconoscimento di interesse popolare. Alla fine della missione erano 50.000, la maggior parte in Europa, ma anche distribuiti su tutti gli altri continenti. Un traguardo ragguardevole se si pensa che l'utente medio ne ha circa 126 e le ditte commerciali fanno salti mortali per accumularne anche solo poche migliaia. Il mio scopo però non era fare marketing...

Nella crescita dei seguaci ha funzionato il sistema del passaparola, del re-twittaggio dei miei messaggi. E nel corso della missione, che evidentemente è stata un grande volano di attenzione, i follower dell'ESA sono aumentati notevolmente attraverso la spinta generale della mia attività su Twitter che non riguarda solo l'astronauta Paolo Nespoli e le sue avventure nello Spazio, ma anche le imprese dell'Agenzia Spaziale Europea. Siti Internet, espressioni di diverse riviste d'avanguardia, come wired.it, hanno mostrato in diretta streaming le fasi della missione a partire dal lancio della navicella da Baikonur e l'attracco con la stazione. Inoltre attraverso i follower di queste testate si sono raccolte le domande che mi sono state inviate in orbita. Diversi video girati direttamente nello Spazio sono stati pubblicati in anteprima sul canale YouTube dell'ESA.

Insomma, un uso intelligente dei social network e dei piccoli quiz ormai banalizzati dalle tante trasmissioni radio-televisive che ci accompagnano nelle nostre serate terrestri d'estate e non.

Il privato che diventa collettivo

Gli astronauti svolgono, dopo le missioni, anche un'attività non secondaria al loro lavoro di ingegneri e "meccanici" spaziali. Sono gli ambasciatori delle avventure extraterrestri. Ambasciatori del futuro. Per questo credo sia importante accettare e, in un certo senso coltivare, gli spazi di visibilità perché, anche dopo la missione, la missione continua.

I contatti che coltivo a terra in genere rappresentano un seguito delle comunicazioni avvenute in orbita. C'è continuità fra lo Spazio e la Terra. Per esempio, nel corso delle *in-flight calls* o audio/videoconferenze speciali fatte in orbita, abbiamo parlato con il presidente americano Obama e il primo ministro russo Putin. In entrambi i casi, citando l'Italia e riconoscendo il suo alto contributo tecnologico alla missione.

Papa Benedetto XVI ha dialogato con l'equipaggio della stazione per circa cinque minuti in lingua inglese, ma ha poi parlato con me direttamente in italiano. Sua Santità ha manifestato il suo conforto e ha parlato di mia madre perché aveva saputo che era mancata qualche giorno prima. È stata una perdita molto dolorosa, un'esperienza intima e profonda. In quel momento ho sentito intorno a me il cordoglio sincero di tutto il personale coinvolto nella missione. A bordo, su iniziativa del comandante, l'equipaggio ha voluto fare una piccola cerimonia nella cupola, la nostra finestra sul mondo. Ci siamo riuniti e abbiamo osservato un minuto di silenzio proprio mentre passavamo sopra l'Italia e al mio paese si svolgeva il funerale. Non eravamo solo noi in orbita, con noi c'erano anche tutti i vari centri di controllo sparsi per il mondo, dove si è osservato il silenzio radio.

L'aver ricevuto le condoglianze personalmente dal Santo Padre è stato di grande conforto e mi ha aiutato a superare un momento inaspettato, di intenso dolore, che avrei voluto vivere diversamente, come esperienza privata, ma che il destino ha voluto diventasse pubblico e collettivo.

Che cosa manca di più

Ci sono poi le coccole psicologiche, per esempio fare una videoconferenza con la famiglia, gli amici, i tuoi fan o follower. Sono coccole che contano, più toniche e corroboranti di un buon whisky o di una torta fatta in casa. Anche gli astronauti russi, generalmente meno espressivi e all'apparenza più inossidabili di noi occidentali, o perlomeno più distaccati e freddi, avvertono molto il bisogno di una relazione, di un contatto. Anche loro fanno la videoconferenza famigliare settimanale, sebbene le loro famiglie debbano recarsi al Centro di Controllo Spaziale Russo di Koroliov, vicino a Mosca, invece di restare comodamente nel salotto di casa come fanno le nostre. Ciò sicuramente rappresenta uno svantaggio per loro che però tramutano in festa, in occasione per fare una gita fuoriporta.

Eccezionalmente e compatibilmente con il carico di lavoro e con la disponibilità delle strutture di terra e di bordo, per un paio di occasioni per missione, ti può venire concessa la possibilità di fare delle videoconferenze fuori dall'ordinario. Sostanzialmente tu esprimi il desiderio di parlare con qualcuno per te speciale, chiunque esso sia, e da terra cercano di combinare la cosa secondo la sua e tua disponibilità, sempre che ci sia interesse da parte dell'interlocutore. Dei miei colleghi in passato hanno chiesto e ottenuto di parlare con i loro idoli ed eroi preferiti: cantanti, sportivi, politici, premi Nobel, personaggi famosi. Non sempre funziona, ma generalmente la maggior parte dei personaggi interpellati si dimostrano intrigati e molto disponibili, taluni al punto di andare al Centro di Controllo di Houston per poter fare la videoconferenza. A me sono state date due opportunità e ho pensato di usarle per parlare con due personalità italiane diverse: una che rappresentasse il mondo dello spettacolo, un'altra che rappresentasse l'Italia che funziona, l'Italia che ci viene invidiata all'estero.

E così ho parlato in teleconferenza con Roby Facchinetti, Dody Battaglia e Red Canzian, da anni ormai i componenti dei Pooh. Con loro abbiamo parlato di musica, rivissuto le canzoni di bambino, ma anche di sensazioni e cose spaziali e li ho portati a fare un giro per la stazione rispondendo alle loro svariate domande.

Poi ho avuto il piacere di essere in videoconferenza con la Ferrari e parlare con il suo presidente: l'avvocato Luca Cordero di Montezemolo. È stato un incontro veramente "spaziale". Mi avevano detto: mi raccomando, l'avvocato ha solo dieci minuti contati e poi deve scappare. Appena cominciato, quindi, sono partito di corsa mostrandogli un emblema Ferrari stampato su una delle apparecchiature di bordo del laboratorio europeo Columbus e scherzando gli ho detto che stavamo andando solo a 28.000 chilometri orari. E da questo è partita una sequenza fitta di domande sempre più approfondite, sempre più interessate. Alla fine l'ho visto molto preso dalla cosa e abbiamo continuato molto oltre il previsto, e più di cinquanta minuti dopo abbiamo dovuto interrompere per la perdita del segnale video satellitare.

Gli affetti superano tutte le barriere e trapassano lo Spazio. La voce dei tuoi cari, l'immediatezza della mimica e delle parole ti restituiscono alla dimensione delle emozioni più profonde che ti legano alla Terra e ti ricordano che comunque anche lassù non sei solo. La nostalgia delle persone care, infatti, è più forte della nostalgia delle proprie abitudini.

Un giorno, durante la mia seconda o terza videoconferenza famigliare dall'orbita, stavo parlando con mia moglie, seduta sul divano in salotto. L'apparecchiatura di videoconferenza, un monitor dotato di telecamera e microfono, era appoggiata sul tavolino davanti a lei. Mia figlia Sofia, di circa 20 mesi, mi aveva salutato distrattamente all'inizio della conferenza e poi se n'era andata a giocare in un angolo. Con mia moglie parlavo del più e del meno, cercando di riparare la ragnatela famigliare che si diradava lentamente ma inesorabilmente per via della mia mancanza.

A un certo punto ho visto Sofia apparire in un angolo del monitor. È venuta vicino e mi guardava. Vedevo quei grossi occhi chiari scrutarmi con attenzione. Ho cominciato a parlarle, scherzando con lei come facevo di solito. Avrei voluto strizzarla e prenderla in braccio come facevo sempre. Ho visto che si muoveva, che si girava, che veniva davanti al monitor. Poi più niente, la telecamera si è oscurata. Ho chiesto a mia moglie: "Che cosa succede?". E lei, ridendo, mi ha risposto che Sofia si era appoggiata con le spalle al monitor e spingeva, voleva venirmi in braccio, sentirsi coccolata! Mi sono sentito una specie di padre virtuale!

Con il tempo le videoconferenze sono diventate una routine. Sofia si è abituata a vedermi a mezzobusto, a parlarmi fuori dal mondo e all'idea di non potermi sentire fisicamente. Aveva imparato a scherzare virtualmente e rispondeva: "Di papà!", quando le chiedevo: "Di chi sono le tue chiappettine?".

Al mio rientro dallo Spazio, poi, otto mesi più grande dall'ultima volta che l'avevo abbracciata, sembrava sorpresa di vedermi in carne e ossa e mi scrutava guardandomi con sospetto come fossi un marziano. Sembrava dicesse: "Ti riconosco ma tu non puoi essere il mio papà! Lui non ha le gambe e vive dentro un televisore!".

Quando niente deve andare storto
L'avventura del ritorno

Splash-down o atterraggio: con che cosa è meglio scontrarsi?

Lo splash-down, in altre parole l'ammaraggio, il tuffo in un oceano della navicella al termine delle operazioni di rientro a terra, è impresso nella memoria di tutti noi che abbiamo seguito l'epopea dei primi viaggi spaziali. Aveva una logica, soprattutto per gli americani, giustificata da tre principali ragioni tecnico-strategiche.

La prima è che il mare è aperto, quindi è più facile gestire le operazioni di controllo e recupero di una navicella se precipita in un'area vasta e "pulita" sulla linea dell'orizzonte, come appunto è il mare o un oceano. La superficie è piatta e non ci sono ostacoli naturali. Sull'oceano la visione è panoramica e se sbagli di qualche chilometro, o anche di qualche centinaio di chilometri, è lo stesso, finisci sempre a contatto con l'acqua; non hai grattacieli, montagne, colline o terreni accidentati che possono rappresentare una difficoltà aggiuntiva e che potrebbero significare, in caso di imprevisti, ulteriori motivi di emergenza. Il mare sai dov'è e com'è; non ci sono sorprese e, se quel giorno è troppo mosso o in tempesta, rimandi il rientro a un giorno migliore.

La seconda ragione consiste nel fatto che l'ammaraggio, dal punto di vista delle sollecitazioni strutturali, è più morbido di un atterraggio al suolo per cui consente di costruire una navicella meno robusta. Le navicelle Apollo, per esempio, non erano state costruite per atterrare e se fossero arrivate per sbaglio sulla terraferma avrebbero probabilmente subito deformazioni tali da compromettere l'integrità delle strutture o dell'equipaggio. Dunque il fatto di non dover sottostare al requisito di atterraggio consentiva loro di essere più leggere, un vantaggio e un risparmio significativi rispetto ai costi e alle limitazioni del lancio.

La terza è che in mare è più facile stabilire una zona prevista di atterraggio anche di parecchie centinaia di chilometri quadrati e disporre in questa zona un dispositivo di recupero basato su forze militari aero-navali. Tenere quest'area sgombera e sotto controllo è molto più facile che fare la stessa cosa sulla terraferma.

Dopo aver fatto tutte queste considerazioni, negli anni Sessanta, gli americani hanno selezionato l'oceano Pacifico come zona di rientro per le loro missioni umane. Gli veniva facile, d'altronde: è vicino agli Stati Uniti, è temperato e avevano a disposizione una vasta flotta di mezzi aereo-navali da dispiegare per l'operazione. Gli unici nei erano rappresentati da "pescherecci" battenti bandiere strane e dotati di grosse antenne che guarda caso apparivano improvvisamente vicino alle aree di sgombero durante i rientri di navicelle americane così come vicino a Capo Canaveral in corrispondenza di lanci. Ma questo gli americani l'avevano messo in conto perché parte del reciproco monitoraggio tecnologico messo in atto dalle due superpotenze durante la Guerra Fredda.

I sovietici, invece, avevano un problema geografico: il territorio sotto il loro controllo era, a est e ovest, circondato dalla Cina e dall'Europa, e i mari che lambivano le coste delle loro Repubbliche a nord erano troppo freddi. A loro vantaggio, invece, c'era il fatto che nei territori sotto il loro controllo c'erano ampie aree geografiche pianeggianti. Le steppe del Kazakistan, per esempio, erano brulle, piatte e piuttosto isolate, per cui anche se sbagli di 500 chilometri il punto di atterraggio sostanzialmente non cambia nulla. In conclusione, per i sovietici era molto più facile tenere sotto controllo un territorio anche grande all'interno dell'URSS e mantenere un livello di discrezione e segretezza elevato che fare la stessa cosa in mare.

I sovietici, quindi, hanno preferito optare per l'atterraggio invece che per l'ammaraggio, anche se hanno dovuto pagare lo scotto di dover costruire una navicella più pesante e robusta, in grado di resistere all'impatto fortissimo con il terreno. Per avere un'idea dell'impatto, immagina uno scontro frontale tra un TIR e un'utilitaria in autostrada lanciati a tutto gas l'uno contro l'altro. E tu sei nell'utilitaria.

A bordo della Soyuz: abbassare la soglia di allarme

Prima della partenza dalla stazione, insieme agli altri colleghi astronauti, abbiamo fatto le pulizie, come un normale inquilino che rimette a posto le camere dell'abitazione prima dell'arrivo di un nuovo affittuario. Abbiamo ripulito e svuotato i piccoli contenitori per le cose personali che ci erano stati affidati e abbiamo pulito il Crew Quarter. Buona parte dei vestiti indossati nei sei mesi della missione sono stati messi in un contenitore per essere utilizzati come "imballaggio" per le apparecchiature che sarebbero rientrate con lo Shuttle. Un espediente utilizzato in passato per proteggere le apparecchiature e poter riavere al rientro come ricordo alcune magliette usate in orbita.

Poi, dopo essere entrato nella Soyuz, per un'ultima volta mi sono trasformato in fotografo spaziale per riprendere la stazione che si allontanava e alla quale eccezionalmente era attraccato lo Space Shuttle Endeaver. Infine, ho ripreso nella Soyuz il mio posto di ingegnere di bordo numero uno, o co-pilota, per il rientro vero e proprio.

La Soyuz è piccola, spartana e il rientro nell'atmosfera è tutt'altro che banale. O meglio, io me lo aspettavo diverso, forse perché avevo sperimentato il rientro con lo Space Shuttle, rientro che di fatto non è molto diverso dall'atterraggio di un grosso aereo di linea. Ma forse tutto è amplificato dal fatto che i tuoi sensi sono accesi e allertati, e ogni piccolo movimento o scossa vengono attentamente valutati e registrati. Almeno così cominci a fare all'inizio, ma poi impari in fretta che devi abbassare notevolmente la tua soglia di allarme perché la maggior parte delle cose che avvengono al rientro della Soyuz sono catastrofiche e non sembrano assolutamente normali. Cerchi, quindi, di rimanere calmo e lucido anche se, per quanto tu lo possa essere, una certa apprensione è quasi inevitabile quando stai per rientrare sulla Terra dallo Spazio e ti stai per tuffare con la tua navicella nell'atmosfera terrestre. Non è come andare sull'ottovolante!

Sulla Soyuz, al rientro dalla spedizione 26/27, ero in compagnia di Dmitry Kondratyev, cosmonauta e comandante russo della Soyuz, e Catherine Coleman, detta Cady, astronauta americana e secondo ingegnere di bordo. In tre occupavamo lo spazio equivalente al sedile posteriore di una piccola utilitaria. La partenza è avvenuta un po' prima di mezzanotte di una bella nottata spaziale di maggio.

Operazioni di rientro: una cavalcata selvaggia

La Soyuz è costituita da tre moduli: uno orbitale, chiamato OA, uno di rientro, chiamato CA (che si legge SA), e uno di servizio, chiamato ΠAO (che si legge PAO).

Il modulo orbitale OA è una sfera metallica di circa 1,80 metri di diametro e funziona perlopiù da modulo tuttofare per lo stivaggio dell'equipaggiamento e dei rifornimenti alla stazione (o dell'immondizia al rientro). Contiene anche un piccolo sistema per la rigenerazione dell'aria e un mini-bagno, cioè un tubo aspiratore dove puoi urinare nel caso ne avessi bisogno. In questo modulo ci sono due flange che lo collegano ad altri moduli: una provvista di un boccaporto stagno che va all'esterno (o verso la stazione quando la Soyuz vi è agganciata); una che si interfaccia con il modulo di rientro CA. Una serie di ganci, fermati da bulloni esplosivi, mantiene a stretto contatto le due flange in modo che l'aria all'interno del veicolo non possa perdersi nello Spazio.

Il modulo di rientro CA è anch'esso molto piccolo ma contiene una gran quantità di cose: i tre alloggiamenti per gli astronauti, i pannelli di monitoraggio e controllo con i relativi sistemi elettrici e idraulici, le radio, i paracadute per la navicella e tutto il materiale che potrebbe servire in caso di ammaraggio di emergenza o atterraggio in un'area remota. Contiene anche un machete e una specie di pistola speciale che può sparare proiettili normali o a pallettoni, così come lanciare razzi di segnalazione.

Dal lato opposto rispetto al modulo orbitale c'è imbullonato il modulo di servizio ПАО, che contiene quasi tutti i motori spaziali, incluso quello di rientro, e quelli che servono per il docking, i computer di bordo, le batterie e il sistema elettrico, oltre alle taniche di ossigeno.

Questo modulo è sigillato e non c'è modo di entrarci nel caso vi fosse un problema. I cinque bulloni che lo collegano al modulo di rientro sono esplosivi, così come lo sono i meccanismi di grosse cesoie metalliche che tranciano cavi e tubature al momento della separazione tra i moduli. La scelta di usare esplosivo per queste operazioni è dovuta al fatto che questo sistema è più semplice e affidabile rispetto ai sistemi e ai meccanismi basati su congegni elettro-meccanici che potrebbero mal funzionare o incepparsi nel vuoto o quando sono soggetti a sbalzi di temperatura tipici dell'ambiente spaziale. Le piccole cariche esplosive contenute nei meccanismi pirotecnici garantiscono al 99,99 per cento il raggiungimento del risultato voluto.

Le operazioni di massima per il rientro sono:

1) si entra nella Soyuz, si sigillano i due boccaporti fra la stazione e la Soyuz e si verifica che siano a tenuta stagna;

2) si indossa la tuta pressurizzata di lancio e rientro e ci si sistema all'interno del modulo di rientro;

3) si sigilla il boccaporto fra il modulo orbitale e il modulo di rientro e si esegue una serie di test per verificare che tutti i compartimenti siano stagni e le nostre tute siano state indossate correttamente;

4) ci si separa dalla stazione spaziale;

5) si accendono i motori di rientro che riducono a circa 27.000 chilometri orari la velocità della navicella;

6) vengono separati i tre moduli della Soyuz. Solo il modulo di rientro con noi astronauti arriverà intatto al suolo, gli altri due si disintegreranno nell'atmosfera;

7) il modulo di rientro si posiziona per l'ingresso

nell'atmosfera e decelera passando da 27.000 a 200 chilometri orari;

8) si aprono i paracadute;

9) si equalizza l'atmosfera, si sgancia lo scudo termico e si "carica" il sedile;

10) si accendono i retrorazzi di frenata e si impatta sul terreno;

11) si viene estratti dalla navicella;

12) ci si toglie la tuta di lancio, si effettuano i primi controlli medici;

13) si è trasportati dalla steppa cosacca all'aeroporto internazionale più vicino in elicottero;

14) dal Kazakistan si è trasportati a Mosca o a Houston.

Ecco di seguito una descrizione dettagliata di ciascuna di queste operazioni.

Ingresso nella Soyuz: gettarsi alle spalle gli errori

Questo è il momento in cui ti rendi conto che stai lasciando definitivamente il posto dove hai abitato e lavorato per quasi sei mesi. Lasci anche il resto dell'equipaggio che ora, circa tre mesi dopo il loro arrivo, sono diventati gli "anziani" che accoglieranno e svezzeranno l'equipaggio nuovo che sarà qui tra un paio di settimane. È un momento carico di tensione in cui le emozioni hanno fasi alterne: dispiacere e rincrescimento si mescolano a rallegramenti e felicitazioni. C'è poi l'ansia del rientro: ritornare dallo Spazio non è un gioco da ragazzi e tante cose possono andare storte, come già successo altre volte. La penultima navicella prima della nostra ha avuto un problema con la tenuta stagna: hanno perso aria a un ritmo veramente preoccupante e l'equipaggio non è riuscito a individuarne la ragione. Cosa succederà a noi? Funzionerà tutto come previsto? Saremo in grado di affrontare correttamente malfunzionamenti o emergenze?

Nel nostro caso, poi, abbiamo dovuto lasciare la stazione nel bel mezzo di una missione Shuttle. Fino ad allora non era mai successo. A ragione: quando uno Shuttle è attraccato alla stazione, i ritmi di lavoro sono forsennati ed entrambi gli equipaggi, dello Shuttle e della stazione, lavorano all'unisono per raggiungere i vari obiettivi stabiliti in quei dieci giorni di lavoro comune. Il compito principale dell'equipaggio della stazione è di dare supporto a quello dello Shuttle in modo che tutti assieme si possa lavorare efficacemente. Pensate, è come se sei vostri amici venissero a casa da voi per dieci giorni con il compito di allargarvi la casa aggiungendo un paio di stanze, ampliare l'impianto elettrico e idraulico, cambiare la disposizione dei mobili e delle suppellettili. Il tutto utilizzando attrezzi che voi avete in casa e che solo voi sapete dove sono.

Poi, come se non bastasse, il destino ha voluto che la posizione di attracco alla stazione della nostra Soyuz fosse la più vicina allo Shuttle fra quelle disponibili, e questo fatto da solo faceva preoccupare non poco i controllori di volo in quanto un errore di manovra o il malfunzionamento di qualche motore ci avrebbe potuto portare a sbattere contro lo Shuttle, magari danneggiando irrimediabilmente sia loro sia noi.

Ebbene, la nostra missione è stata la prima e l'ultima nella storia della stazione spaziale dove una Soyuz si è staccata nel bel mezzo di una missione Shuttle. La decisione è stata presa congiuntamente dal Mission Control di Houston e da quello di Mosca, dopo aver considerato che da un lato posticipare il nostro rientro avrebbe causato tutta una serie di altri pesanti e costosi ritardi alle navicelle previste dopo di noi, dall'altro si sarebbe verificata la situazione unica di poter fare foto e riprese video alla stazione con uno Shuttle attraccato. A noi è anche piaciuto pensare che i centri di controllo si fidassero della nostra capacità di effettuare la manovra di sgancio come da manuale, così come di saper svolgere correttamente tutte le delicate operazioni per consentirci di fare le riprese. Ultimo ma non meno importante, erano sicuri che saremmo riusciti a ritornare con della documentazione foto/video unica nella storia spaziale.

Arrivato il momento, quindi, abbiamo raccolto le poche cose che avremmo potuto portare e che ci sarebbero servite durante il breve viaggio di rientro. Era sera tardi, e tutto il pomeriggio ci eravamo occupati dei preparativi. Io avevo anche lavorato sodo nel preparare, pulire, configurare la macchina fotografica e la videocamera che avrei utilizzato per riprendere la stazione. Mentre facevo questo, mi sono ricordato di quello che era successo qualche anno prima quando l'equipaggio di uno Shuttle non era riuscito, nei pochi secondi a loro disposizione, a fotografare il serbatoio esterno appena sganciato. Queste foto vengono scattate con una macchina fotografica normale che, però, viene configurata a terra in un modo particolare.

Ebbene, quella volta il compito di configurare la macchina era toccato proprio a me e io avevo eseguito la procedura a Capo Kennedy il giorno prima del lancio. Operazione non semplice ma neanche particolarmente complessa, anche se durante l'esecuzione avevo avuto qualche dubbio, soprattutto perché la macchina fotografica era un modello nuovo con il quale non avevo dimestichezza e mi era sembrato che la nuova procedura non fosse completamente lineare o inequivocabile. Così è successo che, una volta arrivati in orbita e presa la macchina fotografica, l'equipaggio si trovasse in difficoltà e non riuscisse a fare le foto. Chi aveva commesso l'errore? Io a terra sbagliando la configurazione? Gli astronauti a bordo che maneggiando nella foga la macchina avevano inavvertitamente cambiato la configurazione?

In quell'occasione la NASA aveva gestito l'errore nel modo migliore: cercare di capire quale fosse la causa e individure il modo per evitare che l'errore si ripetesse. Per fare questo, nelle settimane seguenti e prima del successivo lancio, mi affidarono il compito di rivedere le nuove procedure e assicurarmi che non ci fossero punti oscuri o che potessero essere soggetti a interpretazione. Con l'aiuto di un istruttore, avevo riscritto completamente la procedura che fu approvata dopo essere stata verificata da altri due astronauti. Tra l'altro, la nuova procedura prevedeva di mettere dello scotch speciale di protezione su alcuni piccoli selettori presenti sulla lente in modo che non potessero essere erroneamente azionati quando la macchina viene afferrata per la lente, cosa che nello Spazio si fa in continuazione. In quell'occasione, l'essere stato scelto come responsabile nella risoluzione di un problema mi aveva permesso di esorcizzare la paura di commettere lo stesso errore di prima e mi aveva dato nuova fiducia nelle mie capacità di gestire una situazione simile in futuro. Cosa che si presentò puntualmente al lancio successivo dello shuttle, dove di nuovo mi incaricarono di configurare la macchina. E allora andò tutto come previsto.

Mentre preparavo le macchine fotografiche sulla stazione, per qualche istante ho rivissuto la situazione di Capo Kennedy e ho ripensato al fatto che in effetti forse ero stato proprio io a non aver configurato correttamente la macchina fotografica. Anche questa volta mi trovavo a dover eseguire una procedura scritta in russo e a me non familiare per configurare modelli di apparecchi diversi da quelli di solito utilizzati nell'area non russa della stazione. Ripensare a una situazione simile che avevo già vissuto mi è stato di grande aiuto e mi ha portato a focalizzare le mie energie positive. Mi sono quindi concentrato nel modo migliore, prestando attenzione a tutti i dettagli e controllando almeno due volte tutte le posizioni dei selettori e la configurazione del menu elettronico degli apparecchi. Poi ho posizionato la macchina fotografica, la telecamera, le batterie di scorta e le schede di memoria nel modulo orbitante della Soyuz, pronte per essere usate più avanti.

Sono poi tornato nel mio Crew Quarter, che ormai era vuoto e pulito, asettico come una stanza di ospedale. Erano rimasti solo i computer e ho pensato che occorresse mandare l'ultimo tweet dalla stazione. Ci ho pensato un po' e poi ho "cinguettato": "Torno a casa con una cavalcata selvaggia... Non vedo l'ora di aprire i miei sensi al pianeta Terra. C'è qualcuno per una pizza?".

Ci siamo poi riuniti nel Nodo 1, il posto dove di solito mangiavamo. Abbiamo fatto una piccola cena, abbracciato e salutato i nostri colleghi che sarebbero rimasti sulla stazione e ci siamo diretti verso la nostra Soyuz. Siamo entrati nel modulo orbitale, ci siamo disposti per l'ultimo saluto e l'ultima foto e abbiamo chiuso il nostro boccaporto mentre dalla stazione chiudevano il loro. Subito dopo abbiamo eseguito la procedura per la verifica della tenuta stagna dei due boccaporti. Al termine di questa operazione, tra i due boccaporti era stato creato il vuoto e, mentre di fatto eravamo ancora attraccati alla stazione, ormai eravamo due entità separate, ognuna con la propria atmosfera e il proprio destino.

Indossare la tuta: cosa tenere a portata di mano

La tuta russa è completamente diversa da quella americana, non solo per il colore (una è bianca l'altra arancione), ma soprattutto perché in questa il casco è parte integrante della tuta e non si può staccare, e la si indossa entrandoci da un'apertura in corrispondenza dello stomaco: una specie di nascita alla rovescia.

Nei due anni di addestramento a terra mi ero abituato a entrare nella tuta, anche se la cosa non mi risultava particolarmente facile in quanto, sebbene al centro di addestramento della Città delle Stelle mi avessero dato la tuta più lunga che avevano a disposizione, questa era corta e tutte le volte che dovevo entrarvi o uscirne era una battaglia, specialmente perché una volta entrato con i piedi, tirata la tuta su fino alla cintola e infilate le spalle, mi rimaneva da infilare la testa che non ne voleva sapere di scivolare sotto la flangia metallica dove c'era attaccato il casco.

Gli istruttori russi mi avevano spiegato innumerevoli volte che occorreva comprimere la spina dorsale al massimo e piegarla come se avessi avuto la scogliosi, in modo da accorciarmi il necessario per riuscire a passare sotto la flangia. Facile a dirsi ma non a farsi: di solito rimanevo incastrato con mezza testa dentro e mezza fuori e, solo dopo aver esercitato una forte pressione, riuscivo a infilarmici. Insomma, per due anni dovetti pagare un pegno di sangue e capelli alla flangia metallica del casco che mi raschiava nuca, fronte e naso. Scherzando, avevo chiesto che contassero le volte in cui avrei dovuto infilarmi la tuta in modo da verificare se mi sarebbero rimasti dei capelli in testa prima del lancio! Così, per il volo, mi avevano fatto una tuta su misura (ho scoperto poi che la fanno quasi a tutti), che mi entrava a pennello.

Non c'era molto posto nel modulo orbitale della Soyuz e Dmitry chiese a me e a Cady di infilarci le tute mentre lui sarebbe sceso di sotto per farci spazio e controllare che tutto fosse in ordine. In assenza di gravità infilarsi la tuta è più facile, anche se devi stare attento perché nella foga puoi sbattere un po' dappertutto e magari danneggiarla o lacerarla. Per finire, una volta entrati con corpo e testa, occorre sigillare l'apertura sul davanti. L'apertura della tuta americana, che si trova sul di dietro a mo' di muta subacquea, è dotata di una comoda cerniera stagna. Quindi, una volta infilata la tuta, basta solo chiudere questa cerniera stando attenti a non impigliarvi niente.

La tuta russa, invece, è concepita in modo completamente diverso: ci sono sì due grandi cerniere sul davanti, ma hanno solo una funzione di tenuta meccanica e non stagna e servono per proteggere l'apertura d'ingresso alla tuta, alla quale sono applicate due lunghe labbra di tessuto gommato. Queste labbra vengono accuratamente piegate e strozzate fra loro, come se si trattasse della parte superiore di un sacco, prima di essere chiuse da un paio di elastici, fatti girare attorno alla strozzatura almeno 5-6 volte, appunto per ottenere una chiusura stagna. A questo punto le labbra vengono messe su un fianco in modo che le due cerniere sul davanti della tuta possano essere chiuse. Il concetto è semplice e funzionale, ma le due strozzature devono essere fatte attentamente perché potrebbero non garantire la chiusura stagna della tuta, cosa d'altronde già successa qualche volta.

Cady e io ci siamo infilati la tuta, aiutandoci a vicenda e controllandoci reciprocamente. Dmitry è poi risalito, chiedendoci di andare a sistemarci nel nostro posto nel modulo di rientro mentre lui indossava la sua tuta.

Sistemarsi al proprio posto non è un'operazione semplice. Non è né un sedile né un divanetto: è una specie di mini vasca da bagno, una nicchia, nella quale ti sdrai. Le gambe rimangono fuori e per mancanza di spazio le rannicchi sopra di te, in posizione fetale. In questa vasca da bagno c'è un'imbottitura in schiuma speciale, fatta apposta per te da un calco in gesso, e sul suo bordo ci sono delle cinghie che si collegano a un grosso fermaglio centrale in corrispondenza dello stomaco. Altre due cinghie ti passano sopra le ginocchia, in modo che siano fissate nella posizione fetale e non sbattano contro i comandi o gli strumenti di bordo. Insomma, una volta entrato nella tua nicchia (ci vuole una certa pressione affinché l'imbottitura in schiuma si apra un po' e ti lasci entrare), legate in prossimità dello stomaco le due cinghie che partono dalle spalle e le due che partono dal fondoschiena, e quelle che bloccano ginocchia e gambe, dovresti essere nella posizione corretta per affrontare nel miglior modo possibile "l'atterraggio morbido" minimizzando i rischi di rottura di ossa delle gambe (è capitato), frattura di costole (è capitato anche questo), o frattura di vertebre (non è ancora capitato, per fortuna, almeno che io sappia).

La mia statura non è quella di un giocatore di pallacanestro ma comunque superiore alla media: sulla Terra sono alto un metro e ottantotto, il più alto astronauta che abbia mai volato sinora sulla Soyuz, per cui per entrare nel mio posto devo fare come Houdini o un fachiro indiano: cercare di restringermi il più possibile, controllare il respiro per regolare la dilatazione della cassa toracica e resistere all'idea che non riuscirò mai a sistemarmi in un posto così piccolo. Tra l'altro in orbita si cresce: le vertebre della spina dorsale si distendono e guadagnano 3-6 centimetri, sette nel mio caso.

So già quello che pensate: non serve andare in orbita per crescere perché, una volta tornati a terra, si ritorna come prima. Ma quei 7 centimetri per me erano importanti e facevano sì che la mia testa occupasse completamente lo spazio tra il mio sedile e le pareti della navicella, quando invece normalmente ci dovevano essere almeno un paio di centimetri di distanza. La cosa era stata notata nelle prove eseguite un paio di settimane prima del rientro, tant'è vero che da terra mi avevano fatto ripetere il test chiedendomi inutilmente di comprimermi il più possibile. Immagino che si sia discusso molto a terra se farmi rientrare comunque o lasciarmi sulla stazione in eterno! Ma, quando dovetti sistemarmi nella mia nicchia, non pensavo sicuramente a questo.

Prima di infilarti nella tua nicchia, è bene ricordarsi di collegare alla tuta sia i cavi per le comunicazioni sia quelli per la trasmissione a terra del battito cardiaco e della frequenza respiratoria, i tubi per l'ossigeno (non guasta mai il poter respirare) e quelli del sistema di raffreddamento (la tuta russa è raffreddata da un getto d'aria a differenza di quella americana che è invece raffreddata ad acqua fatta circolare in speciali tubicini cuciti su una combinazione indossata sotto la tuta).

È bene anche ricordarsi di sistemare a portata di mano sia i due quaderni con le procedure nominali e d'emergenza sia tutto quello che ti servirà al rientro, come matite, penne, torcia elettrica, occhiali e cronometro. Una volta seduto e legato diventa impossibile raggiungere qualsiasi cosa fuori dalla portata di mano e rimarrai in quella posizione per qualche ora fino a quando, una volta atterrato, non ti estrarranno dalla capsula.

Sigillare il boccaporto: allarme ossigeno

Dopo aver indossato la sua tuta e dopo aver aspettato che Cady e io ci fossimo sistemati nella nostra nicchia, Dmitry è riuscito a entrare nel modulo di rientro. Si era dovuto sistemare temporaneamente nella sua nicchia centrale perché il boccaporto aperto portava via la maggior parte del posto sopra di lui ed era impossibile chiuderlo se non stava sdraiato, così com'era estremamente difficile per noi uscire dalla nostra nicchia con il boccaporto aperto.

Dopo aver controllato per l'ultima volta lo stato delle guarnizioni di gomma del boccaporto e che non vi fossero oggetti estranei attorno, ha chiuso il boccaporto girando una leva simile a quella di una cassaforte e poi controllato che la valvola di equalizzazione tra il modulo di rientro e quello orbitale fosse chiusa. Si è poi sistemato nella sua nicchia, aiutato per quanto possibile da me e Cady. Una volta sistemati e legati nelle nostre nicchie, abbiamo cominciato le procedure vere e proprie per lo sgancio dalla stazione.

La prima consiste nel depressurizzare parzialmente il modulo orbitale in modo da verificare che sia chiuso ermeticamente e anche accertarsi indirettamente che il boccaporto del modulo di rientro sia stato chiuso in modo corretto. In questa operazione si scarica nel vuoto parte dell'atmosfera del modulo orbitale e non è più possibile rientrarvi a meno che non si ripressurizzi di nuovo.

Dopodiché si indossano i guanti della tuta, si chiudono i caschi e si esegue un test di pressurizzazione della tuta usando ossigeno puro in modo da verificare che la tuta sia stata indossata correttamente e possa garantire la sopravvivenza in caso di depressurizzazione della navicella. La tuta non era prevista nel disegno originale della Soyuz ma è stata aggiunta dopo che tre astronauti russi sono morti durante il rientro per una depressurizzazione inaspettata. La pressurizzazione della tuta con ossigeno puro deve essere fatta con attenzione: non c'è moltissimo ossigeno a disposizione e quindi non va sprecato e, inoltre, cosa più importante, questa operazione innalza la percentuale di ossigeno nella navicella, valore che deve essere costantemente tenuto sotto controllo perché oltre un certo limite il rischio di incendio ed esplosione diventa elevato.

Negli anni Sessanta, i tre astronauti americani dell'Apollo 1 sono morti carbonizzati nella loro navicella in una situazione simile durante un addestramento a Capo Kennedy. Durante il nostro test in orbita tutto è andato liscio anche se, come spesso accade, a un certo punto è scattato l'allarme di "concentrazione di ossigeno sopra la norma" ma non quello di "pericolo d'incendio" per il quale occorre eseguire una manovra d'emergenza. A questo punto, è proibito rompere i sigilli appena testati cioè aprire il boccaporto fra noi e il modulo orbitale e togliersi i guanti della tuta. L'unica cosa che si può fare è aprire il casco per cercare di respirare un po' meglio.

Separazione dalla stazione spaziale: tentare l'impossibile

Una ventina di minuti dopo abbiamo azionato l'apertura dei ganci che ci tenevano legati alla stazione. Ci vogliono circa tre minuti prima che i ganci si aprano completamente, e appena questo succede la Soyuz viene spinta via dalla stazione da una serie di molle. È una spinta leggera, appena percettibile da dentro la navicella e che imprime una velocità di circa 1,5 metri al secondo.

Normalmente, dopo circa un paio di minuti, quando la Soyuz è a distanza di sicurezza dalla stazione, si accendono brevemente i motori di bordo per allontanarla più velocemente e consentirle di accendere i motori di rientro senza disturbare la stazione. Ma questo non era il nostro piano e avremmo dovuto seguire delle procedure speciali per ottenere la documentazione fotografica della configurazione shuttle-stazione.

Dmitry, quindi, circa una ventina di secondi dopo lo sgancio dalla stazione, ha attivato il controllo manuale della Soyuz e, dopo aver verificato che i comandi rispondessero come previsto, ha cominciato a manovrarla. L'idea era di allontanarci circa 200 metri e poi "fermarci" rispetto alla stazione, il che voleva dire volare in formazione con lei attorno alla Terra a 28.000 chilometri all'ora. Saremmo rimasti in quella posizione per circa 40 minuti, il tempo del giorno spaziale durante il quale la stazione sarebbe stata illuminata dal Sole e avremmo potuto immortalarla. In quei 40 minuti il nostro compito era quello di fare foto e filmati mentre la stazione veniva comandata da terra affinché eseguisse una specie di quarto di tuffo carpiato spaziale. La difficoltà era in parte nella manovra che la stazione doveva compiere, ma anche in quella che noi, all'interno della Soyuz, ci apprestavamo a eseguire.

Dmitry azionava con maestria i due joystick di controllo, quello di traslazione posizionato alla sua sinistra tra la sua gamba sinistra e la mia destra, e quello di controllo di rotazione posizionato a destra tra la sua gamba destra e la sinistra di Cady. Inoltre, azionava il comando dei motori di accelerazione e frenata, un interruttore posto alla base del joystick di sinistra, anche questo praticamente premuto contro la mia gamba destra che io cercavo di tenere schiacciata all'altra in modo da fargli un po' di spazio. Per valutare la nostra posizione rispetto alla stazione, e quindi essere sicuro di passare senza raschiare la coda dello Shuttle, Dmitry osservava attentamente il periscopio mentre io controllavo le immagini provenienti dalla telecamera piazzata fuori dalla Soyuz. Tutto sembrava filare liscio e abbiamo tirato un bel sospiro di sollievo quando abbiamo visto passare la coda dello Shuttle e qualche minuto dopo tutta la stazione era visibile nel periscopio.

Sullo schermo del periscopio è incisa una griglia di riferimento e, confrontando l'immagine di alcune parti specifiche della stazione con il numero di quadrati occupati nella griglia, si può stimare la distanza dalla stazione e, con un po' di allenamento, anche la velocità relativa tra i due veicoli. Sembra un metodo un po' antiquato e anacronistico, specialmente oggi dove un qualsiasi autovelox per strada misura accuratamente distanza e velocità, ma vi assicuro che funziona e dà risultati sorprendentemente accurati, sempre che tu sia allenato e faccia attenzione.

Dunque, alla distanza stimata di 200 metri, Dmitry ha azionato i motori di frenata calibrando l'impulso in modo che la Soyuz fosse approssimativamente ferma rispetto alla stazione (sì, nello Spazio, in queste condizioni, puoi frenare troppo e avvicinarti pericolosamente alla stazione). La distanza va controllata in continuazione con piccole accelerazioni o frenate, senza esagerare perché consumi carburante, e senza allontanarsi troppo dalla distanza prevista di 200 metri. Anche l'assetto della Soyuz va verificato di continuo mantenendo la stazione approssimativamente nel centro del periscopio. Se l'avessimo persa di vista anche per un attimo avremmo dovuto eseguire subito una manovra di allontanamento.

Una volta raggiunto l'assetto di volo spaziale in formazione a 200 metri, è arrivato il momento di fare foto e filmati. Dmitry aveva il compito di monitorare la stazione e mantenere costantemente la Soyuz alla distanza e all'altitudine previste. Io ero stato designato come fotografo e Cady aveva il compito di tenere i tempi. L'oblò da dove dovevo fare le foto era nel modulo orbitale. L'accesso all'oblò richiedeva l'apertura del boccaporto sigillato in precedenza, apertura che a sua volta richiedeva la ripressurizzazione del modulo orbitale, operazioni per le quali era necessario che io mi togliessi i guanti della tuta. Tre operazioni non standard e normalmente proibite. Mentre Dmitry aveva le mani sui joystick della Soyuz, io ho sganciato tutte le cinghie che mi tenevano legato, mi sono alzato sopra la mia nicchia e ho azionato la valvola di equalizzazione della pressione tra il modulo di rientro e quello orbitale. Poi, dopo aver atteso che la pressione fosse equalizzata, ho azionato la leva a cassaforte del boccaporto e l'ho aperto spingendolo verso Dmitry. Ho poi sganciato i collegamenti elettrici e termici della mia tuta e – facendo estrema attenzione a non urtare i joystick di controllo – mi sono infilato nel pertugio sopra Dmitry tra il boccaporto e il contenitore del paracadute.

Quando ci avevano comunicato da terra che avremmo dovuto fare questa manovra, tutti avevamo scommesso che non ce l'avrei mai fatta. Primo, perché il passaggio era veramente stretto e, secondo, perché sembrava impossibile che riuscissi a muovermi in uno spazio così limitato senza urtare i comandi della Soyuz e farla rotolare incontrollata nello Spazio. Avevamo provato a terra questa manovra prima del lancio e con la forza di gravità, e nell'incredulità di tutti, me compreso, mi era riuscita senza tanti problemi (ma tanto tutti pensavano che non ce ne sarebbe stato bisogno in orbita). Ora, però, che si pensava di farla veramente, e nessuno credeva fosse possibile, una settimana prima ci avevano chiesto di provarla in orbita. E di nuovo, tra lo sbigottimento generale, il risultato era stato positivo.

In quell'occasione ho riflettuto su tutte le volte che non abbiamo neanche tentato qualcosa solo perché avevamo deciso a priori che fosse impossibile. Quante occasioni perse! A te non è mai capitato?

Sgusciando al disopra di Dmitry, per qualche secondo oscurandogli la vista, sono salito nel modulo orbitale. Ho aperto il contenitore che conteneva il cavo elettrico per la cuffia e il bocchettone di estensione per il raffreddamento della tuta, li ho passati a Dmitry che li ha collegati ai rispettivi ricettacoli nel mio sedile mentre io li collegavo alla mia tuta. Ero quindi di nuovo in grado di sentire e parlare con il resto dell'equipaggio e i centri di controllo e, inoltre, di abbassare la mia temperatura all'interno della tuta, temperatura che si era alzata per tutto il movimento che avevo dovuto fare.

Mi sono affacciato all'oblò per vedere che cosa si vedeva, e sono rimasto abbagliato da una visione inaspettata da cartolina. Ci trovavamo sopra un oceano blu striato da nuvole bianche che sembravano essere state cardate da un enorme pettine. Sopra l'oceano, il cielo, nero e senza stelle come lo si vede solo dallo Spazio. E lì, al centro, la stazione spaziale. Magnifica, irreale, quasi fosse un modellino messo lì in bella mostra. Lo Shuttle da un lato, con il braccio meccanico steso, sembrava uno stuzzicadenti. I moduli lucenti, i laboratori, la casa dove i nostri colleghi stavano adesso dormendo. Il traliccio centrale e i pannelli solari, in questa configurazione leggermente asimmetrica che tanto ci aveva fatto discutere durante l'addestramento. Gli istruttori non erano mai stati capaci di spiegarci in maniera convincente il perché di questa asimmetria. Guardando la stazione in quel momento, mi stavo convincendo che questa serviva solo a conferirle fascino, come gli occhi di una bella ragazza che ti fissano ma non sai esattamente dove guardano. E mentre sorridevo pensando a questo, ho sentito Cady che mi chiedeva a che punto fossi con le foto. Le foto, quali foto? Ah già, le foto che dovevo fare e che tutti aspettavano...

"*Snap out of it*" mi sono detto all'americana. E mi sono "disincantato" afferrando la macchina fotografica, puntandola attraverso l'oblò e cominciando a far foto in sequenza a tre a tre, in quanto avevo programmato la macchina per fare tre foto identiche ma con tre aperture di diaframmi differenti. Una tecnica insolita ma assai utile usata dai professionisti quando si vuole essere sicuri di avere almeno una delle tre foto esposta correttamente.

Zing, zing, zing, pausa di tre secondi per permettere alla macchina di salvare la foto, e di nuovo *zing, zing, zing*. Dopo le prime foto ho cercato di guardare meglio dentro l'obiettivo e individuare un'immagine esteticamente gradevole, con la Terra posizionata verso il basso della macchina e cercando di stare nel mezzo dell'oblò per non riprendere i bordi. *Zing, zing, zing,* pausa, *zing, zing, zing*. Poi mi sono accorto che le mie mani bianche si riflettevano sul vetro dell'oblò. Ho spostato le mani e di nuovo *zing, zing, zing,* pausa, *zing, zing, zing*. Non era facile restare fermi in assenza di peso e se non ti ancori in qualche modo rischi di volare via. Mi sono ancorato e *zing, zing, zing,* pausa, *zing, zing, zing*. Cady mi ha avvisato che erano già trascorsi 7 minuti e che occorreva passare al video.

La stazione nel frattempo aveva cominciato a fare il

suo quarto di tuffo spaziale carpiato. Mi sono accorto che mi tremavano le mani, perlopiù per la tensione di tenere la camera ferma contro l'oblò. Ho continuato a filmare per un paio di minuti finché Cady mi ha detto di ricominciare a fare foto. Ho ripreso il mio *zing, zing, zing*, pausa, *zing, zing, zing*. La stazione stava ruotando relativamente veloce e ora cominciavo a vedere lo Shuttle di lato anziché di coda come all'inizio. Interessante! Ho pensato di dover essere un po' più creativo e ho cominciato a fare scatti con la stazione decentrata rispetto al campo visivo. Cercavo anche di variare la lunghezza focale dell'obiettivo per fare foto zoommate e altre che offrissero una visuale d'assieme. Poi è ritornato il momento dei due minuti di film. Lì mi sono accorto che la luce cominciava a scemare e che presto saremmo rimasti al buio. Ho ripreso subito la macchina fotografica, scattato le ultime foto e poi mi sono dedicato alla videocamera. Il cielo era ormai nero e a occhio nudo la stazione si vedeva a malapena mentre era ancora visibile attraverso il piccolo monitor della telecamera. Pochi minuti ancora e tutto sarebbe finito: entrati completamente nella notte spaziale, anche sul monitor della telecamera si sarebbe visto solo un piccolo puntino luminoso, una luce accesa fuori dalla stazione.

Era giunto il momento di spegnere tutto, seguire le procedure togliendo le schede di memoria delle foto-videocamere e consegnarle al comandante, come previsto e come più volte ricordato dal centro di Mosca. Dmitry le ha riposte in una piccola busta nella pagina finale delle procedure di bordo. Sarebbero rimaste in quella busta anche dopo l'atterraggio, per quindici giorni, e tolte di lì a Mosca da un'apposita commissione russa, nonostante la NASA avesse richiesto di poterne fare una copia già al momento dell'atterraggio a Baikonur e di poterle distribuire immediatamente.

Non si è mai saputo il perché di questo. Alcuni sostengono che i russi avessero intenzione di venderle, ecco perché avevano insistito che fossero usate solo apparecchiature di proprietà russa e non della NASA. Ma, alla fine, avevo fatto io le foto, e quindi legalmente appartenevano a me, e forse dopo varie esitazioni avevano deciso di renderle pubbliche per evitare un incidente internazionale. Chissà! Di certo, in quei quindici giorni durante i quali non si sapeva niente delle foto, mi è venuto da pensare almeno un paio di volte che forse la ragione del silenzio fosse da attribuirsi alla loro scarsa qualità. Erano forse sfuocate? O il riflesso della mia mano sul vetro le aveva sporcate tutte irrimediabilmente? Avevo sbagliato un settaggio e le foto erano venute tutte mosse? Di sicuro ho tirato un sospiro di sollievo quando ho visto arrivare dozzine di mail di congratulazioni di amici che le avevano finalmente viste pubblicate sulle copertine dei maggiori quotidiani mondiali. Meno male, altrimenti avrei dovuto veramente appendere la macchina al chiodo.

Nel momento in cui consegnavo le schede di memoria a Dmitry, di sicuro non pensavo alle foto ma a quello che ci aspettava. Avrei dovuto rimettermi i guanti della tuta, ritornare nel modulo di rientro, chiudere il boccaporto, re-testare la tenuta stagna della mia tuta e del boccaporto depressurizzando il modulo orbitale. Sostanzialmente rifare tutto quello che avevamo già fatto prima, ma questa volta senza essere ancora agganciati alla stazione e in caso di problemi aver la possibilità di rientrarvi. Inoltre, non avevamo molto ossigeno e non potevamo sbagliare e riprovare, cosa che normalmente si può fare.

Stavo per re-infilare i guanti quando ho pensato che avrei potuto cogliere l'occasione per sfilarmi la tuta fino alla cintola e andare in bagno un'ultima volta. Dopotutto, avrei comunque dovuto rifare il test di tenuta stagna e avremmo dovuto aspettare almeno tre-quattro ore prima di poter andare in bagno sulla Terra. E sebbene indossassi il diaper, una specie di pannolotto per adulti che normalmente si utilizza per le passeggiate spaziali, volevo evitare di doverlo usare a meno che non fosse assolutamente necessario. Dmitry mi diede l'autorizzazione ad andare in bagno. "Anzi" disse "ci vado anch'io." E con mia sorpresa si sganciò dalla sua nicchia e mi raggiunse nel modulo orbitale dove cominciò a sfilarsi la tuta mentre io attivavo l'aspiratore del tubo dove avremmo dovuto urinare. Cady restò nel modulo di discesa legata nella sua nicchia.

Fummo veloci, ci aiutammo a vicenda a rimetterci la tuta e ritornammo nel modulo di discesa chiudendo dietro di noi il boccaporto. Di nuovo mi infilai nella mia nicchia e riagganciai vari cavi, tubi e cinghie. Ormai non mi domandavo più se ero in grado di entrarci, lo facevo cercando di essere il più efficiente e veloce possibile.

A quel punto avevamo ripreso la tabella di marcia nominale e non restava molto tempo prima del test di tenuta delle tute. Appena pronti facemmo il test. Tutti e tre, sebbene per Cady non ce ne fosse bisogno. Esso consiste nel chiudere il casco e pressurizzare la tuta con ossigeno puro. Più grossa e voluminosa è la tuta, più tempo ci vuole perché si pressurizzi alla pressione voluta. Cady, essendo la più piccola, passò il test molto prima del tempo previsto, Dmitry con qualche secondo di anticipo sulla tabella nominale, io invece in ritardo, come al solito. Sebbene normalmente questo significhi che non avevo passato il test, avevamo capito che date le dimensioni della mia tuta non era fisicamente possibile pressurizzarla nel tempo previsto e che un ritardo per me era normale anche se questo voleva dire usare più ossigeno e alzare la pressione all'interno della cabina vicino ai livelli massimi di guardia.

Per fortuna, tutto è andato liscio. Se avessimo dovuto ripetere il test, cosa accaduta parecchie volte in precedenza in altri voli, probabilmente non avremmo avuto abbastanza ossigeno e comunque avremmo sforato la soglia di pressione massima consentita per minimizzare il pericolo di incendio.

Accensione dei motori di rientro: essere sincronizzati

Non ricordo esattamente quanto tempo abbiamo trascorso nelle nostre nicchie prima dell'accensione dei motori. Ma, di sicuro, ricordo che tutti e tre guardavamo con estrema attenzione l'orologio di bordo e le procedure per assicurarci che non ci sfuggisse nulla.

Nei mesi di addestramento alla Città delle Stelle avevamo sviluppato come equipaggio una metodologia di lavoro per cui, prima di ogni azione importante che doveva avvenire in un momento stabilito, io come ingegnere di bordo "chiamavo" l'attenzione dell'equipaggio a un minuto dall'operazione e poi ancora a 15 secondi. Il comandante confermava le chiamate, dava l'ok all'azione e si dichiarava pronto. Sostanzialmente queste chiamate servivano ad assicurarsi che l'equipaggio agisse in sincronia e concentrasse la sua attenzione su quello che stava per avvenire.

Questo modo di operare ci aveva permesso di lavorare molto efficientemente e di "intrappolare" errori dovuti sia a una scorretta interpretazione del tempo sia a una scorretta posizione nelle procedure. Ma durante l'esame finale alla Città delle Stelle, proprio nel momento dell'accensione del motore di rientro, manovra che doveva essere eseguita manualmente al momento previsto, pena un errore del luogo di atterraggio di circa 7 chilometri per ogni secondo di ritardo o anticipo, io avevo commesso uno sbaglio chiamando l'attenzione dell'equipaggio con esattamente un minuto di ritardo. Sta di fatto che, subito dopo aver chiamato: "15 secondi all'accensione dei motori di rientro", mi sono reso conto che qualcosa non andava e stavo già confrontando il tempo scritto sulle procedure con quello effettivamente segnato dall'orologio. Dmitry stava facendo lo stesso e quasi all'unisono abbiamo entrambi esclamato: "Negativo, accensione dei motori immediata!". Il più velocemente possibile, quindi, ho premuto l'interruttore di accensione dei motori. Il ritardo accumulato era di 4,5 secondi, più o meno 30 chilometri di errore, non poco ma neanche tanto considerata la velocità con la quale l'abbiamo corretto.

Questo è stato l'unico errore del nostro esame finale durato sei ore, errore che ci è costato la perdita di mezzo punto sulla votazione conclusiva, 4,5 invece di 5, il punteggio massimo. Nel debriefing davanti alla commissione d'esame ho ammesso di esser stato io la causa dell'errore ma ho anche aggiunto che ero contento di averlo fatto durante l'addestramento, perché così sicuramente non l'avrei più fatto in futuro!

Al rientro, quindi, tutti avevamo gli occhi puntati sugli strumenti di bordo e sulle procedure, e il mio "Un minuto all'accensione dei motori di rientro" è arrivato puntuale, così come il mio "15 secondi all'accensione" e l'"affermativo, concordo" di Dmitry. Poi ho alzato la protezione metallica che copriva tre interruttori di cui due di comando del motore e ho puntato il dito verso l'interruttore di mezzo, quello di accensione, per far capire che ero pronto ad azionarlo e anche per dare la possibilità a Dmitry di verificare che stavo puntando l'interruttore corretto, perché quello a destra era quello di spegnimento del motore.

Nelle decine e decine di ore di simulazione a terra, i 3 minuti e 41 secondi di frenata motore per l'inizio del rientro sono di solito il momento più critico. Durante questa fase agli istruttori piace simulare ogni sorta di malfunzionamento. Il più comune è quando il motore non si accende, o si accende e poi si spegne senza completare la frenata. Questo imprevisto è il più insidioso di tutti perché se succede al di sotto di una certa quota hai pochi secondi a disposizione per reagire e tentare di accendere di nuovo i motori, se possibile, o completare la manovra con altri motori più piccoli se quelli principali sono in avaria.

Le procedure sono complicate, così come riconoscere il tipo di malfunzionamento e farvi fronte correttamente saltando di pagina in pagina avanti e indietro nel libro delle procedure, cercando ogni volta di essere sicuri di aver preso la decisione giusta e di seguire tutti la stessa procedura. Per questo avevamo deciso, appena possibile, di "sincronizzarci", cioè di far velocemente il punto della situazione tra di noi comunicando che cosa avevamo visto, come avevamo reagito, a che punto eravamo delle procedure e cosa dovevamo fare. C'erano volute parecchie simulazioni prima di trovarci d'accordo su cosa fosse successo e sul da farsi, e ogni tanto non lo eravamo. In queste situazioni di solito prevaleva l'opinione di Dmitry, che aveva alle spalle più ore di addestramento di noi e ormai conosceva le procedure praticamente a memoria e – a parte qualche raro caso – aveva dimostrato di essere quello che più ci azzeccava.

Al momento giusto ho azionato l'interruttore di accensione del motore, che si è avviato senza problemi.

Abbiamo avvertito una piccola spinta che ci ha fatto capire che il motore funzionava perfettamente e uno sguardo agli strumenti di bordo lo ha confermato. Io avevo trovato un modo per tenere in mano i libri delle procedure nominali e di emergenza e sfogliarli velocemente per arrivare alla pagina corretta in caso di bisogno. Infatti, con le mani nei grossi guanti della tuta, non era per niente facile: si perdevano secondi preziosi e nella foga poteva succedere di strappare qualche pagina.

Arrivò, quindi, il momento più critico: avevamo passato il "punto di non ritorno", e se si fosse verificato un malfunzionamento nel motore principale e non avessimo reagito prontamente per completare la frenata, non saremmo potuti rimanere in orbita ma neanche rientrare prima che l'ossigeno fosse finito. Ma, per quanto strano sembrasse, tutto funzionava come da copione e al momento previsto il motore si è spento e abbiamo ricominciato a galleggiare leggermente all'interno delle nostre nicchie. Anche questa cosa ci sembrava strana perché in simulazione succedeva di rado ed era compito nostro spegnerlo nel modo corretto, a volte ripetendo la manovra di spegnimento per tre volte, perché i comandi automatici di bordo, su decisione degli istruttori, lo riaccendevano di continuo.

Spento quindi il motore, abbiamo di nuovo controllato tutta la strumentazione di bordo e finalmente concluso che "era fatta", eravamo inesorabilmente sulla via del ritorno.

Separazione dei moduli: affidarsi agli esplosivi

Una ventina di minuti dopo è avvenuta la separazione dei tre moduli, che si svolge in due tempi: prima i vari moduli vengono isolati elettricamente e idraulicamente, poi separati meccanicamente, mediante delle cesoie azionate da una serie di piccole cariche esplosive che tranciano prima cavi elettrici e condutture, poi una dozzina di bulloni che tengono uniti i moduli fra di loro. Usare cariche esplosive per eseguire queste operazioni potrebbe sembrare assurdo: non siamo abituati a casa nostra a servirci di cariche di tritolo tutte le volte che dobbiamo chiudere l'acqua del bagno o aprire la porta del garage!

Anche il carrello di atterraggio dello Space Shuttle, che viene espulso pochi secondi prima di toccare terra, è azionato da bulloni esplosivi. In addestramento avevamo simulato questo passaggio innumerevoli volte, ed eravamo abituati a controllare i vari strumenti di bordo per verificare che tutto fosse avvenuto correttamente.

Non mi aspettavo, però, quello che stava succedendo in orbita. All'ora prevista le cariche hanno cominciato a esplodere e dall'interno della navicella sembrava ci fossero tre o quattro persone all'esterno che la stessero percuotendo con grandi mazze. Sebbene indossassimo la cuffia per le trasmissioni e la nostra testa fosse riparata dal casco, sentivo distintamente le esplosioni provenire dalle diverse parti della navicella e avvertivo degli scossoni da dentro il sedile. Accidenti, ho pensato, altro che separazione, questa è una vera e propria demolizione!

Era già successo in passato che qualche bullone non fosse esploso e di conseguenza che il modulo con i motori rimanesse attaccato al modulo di rientro. Una situazione pericolosissima perché, in questa configurazione, i due moduli attaccati assumono al rientro nell'atmosfera una posizione non corretta, esponendo la parte superiore del veicolo di rientro al calore torrido del plasma che si genera, con il possibile risultato della fusione del boccaporto superiore e la probabile perdita dell'equipaggio.

L'ultima volta che questo era successo, qualche anno fa, l'interno della capsula aveva preso fuoco e solo per miracolo all'ultimo momento, quando il boccaporto stava per cedere, le violente forze esterne generate dall'atmosfera avevano divelto i rimanenti bulloni e la navicella si era rimessa nella posizione corretta, anche se ormai il sistema di controllo nominale si era disinserito e la navicella era rientrata con un profilo balistico a 400 chilometri dal punto previsto, assoggettando l'equipaggio a delle decelerazioni al limite della sopravvivenza. Questo senza che a terra sospettassero niente fino a quando non li hanno visti arrivare sul luogo destinato al rientro.

Inizialmente, nella mia posizione dentro la mia nicchia, mi sembrava di essere su un'autoscontro al luna park. *Bum* di qui, *bum* di là, *bum bum bum* sopra e sotto. Il tutto non è durato più di una decina di secondi, e subito dopo ho controllato che gli strumenti segnalassero una corretta separazione. Tutto sembrava a posto. Ho pensato quindi di dare un'occhiata all'esterno attraverso il piccolo oblò alla mia sinistra. Interessante, ho pensato, c'erano dei pezzi di copertura che galleggiavano proprio fuori dall'oblò apparentemente tenuti da qualche filo che non si era staccato. Inoltre, stavamo lentamente rotolando nello Spazio. Ma non dovevamo rientrare con un angolo preciso rispetto alla tangente locale pena incenerimento e distruzione?

Posizionamento e decelerazione: mantenere la calma

Mi sono concentrato sugli strumenti di bordo. Tutto sembrava procedere nominalmente. In un momento preciso definito come "Ts" avremmo dovuto attivare il pilota automatico di rientro, anche questa un'attivazione critica. Ho chiamato: "Un minuto da Ts". Dmitry aveva già in mano il pannellino remoto per il controllo della navicella in caso di malfunzionamento. Si doveva usare questo pannellino in quanto a partire da quel momento le decelerazioni violente avrebbero potuto non permettere di distendere le braccia e raggiungere i comandi nominali sul pannello di controllo di fronte a noi. Ho esclamato: "15 secondi da Ts" e Dmitry in russo ha risposto: "*Patvierjdaiu, gatof*", ovvero "Concordo e sono pronto", e l'ha poi azionato al momento giusto.

Dall'addestramento e dalle simulazioni fatte a terra in centrifuga sapevamo che ora ci attendevano una decina di minuti nel corso dei quali la navicella sarebbe entrata nell'atmosfera, che all'inizio, essendo molto rarefatta, avrebbe opposto una debole resistenza per poi ribellarsi sempre più ferocemente arrivando a generare con l'attrito un potente getto di plasma, una specie di fiamma ossidrica enorme che partendo dal fondo della navicella l'avrebbe avvolta completamente come se fosse una pentola di polenta sospesa sopra un grande fuoco all'aperto. Questo scambio di energia avrebbe frenato la navicella schiacciandoci nelle nostre nicchie, dapprima delicatamente ma poi sempre più insistentemente fino a diventare quasi insopportabile. E così è stato.

Quando la spia che indicava l'inizio del rientro ha cominciato a lampeggiare, ho controllato l'indicatore di "g", cioè la misura della forza di gravità, che sulla Terra normalmente indica 1. Fino ad allora indicava 0, ma già cominciava a segnalare qualche frazione di g, e cresceva lentamente: 0,1, 0,3, 0,5. Ho dato un'occhiata veloce fuori dal finestrino. Non si vedeva molto, ma si scorgevano chiaramente delle specie di fiamme che salivano verso l'alto, indicando che la pancia della navicella era rivolta verso il basso, la posizione corretta affinché il nostro scudo termico fosse rivolto verso la fiamma ossidrica che entro breve ci avrebbe avvolto completamente. I "g" cominciavano ad aumentare e farsi sentire: 0,9, 1,1, 1,4. Tutto procedeva e la strumentazione di bordo indicava che stavamo seguendo il profilo nominale e che, se tutto fosse continuato così, saremmo arrivati sul punto previsto per l'atterraggio.

Se prima galleggiavamo nella nostra nicchia, adesso la forza di gravità ci schiacciava sempre di più. Gli istruttori a terra ci avevano detto di approfittare di questo momento e stringere continuamente le cinghie in modo tale che, una volta sparita la decelerazione, noi fossimo saldamente legati e formassimo un tutt'uno con le nostre nicchie, condizione assolutamente necessaria per dissipare uniformemente l'energia d'impatto sul terreno.

1,9, 2,3, 2,7. Adesso i "g" salivano rapidamente e cominciava a diventare sempre più difficile alzare e muovere le braccia. 3,1, 3,4, 3,8. Accidenti, era come essere sdraiati per terra con sopra quattro persone del tuo stesso peso. È vero che la Soyuz è stata disegnata in modo che il corpo si trovi nella posizione migliore possibile per affrontare questi "g", ma è anche vero che quattro persone distese sopra di te sono pesanti!

Come tutti, poi, io avevo accuratamente posizionato la testa nel suo alloggiamento dentro la nicchia ma in questo modo mi sembrava che la mia trachea si chiudesse. Prova a distendere la testa leggermente all'indietro e poi spingi sul pomo d'Adamo: non è una posizione molto confortevole e si riesce a fatica a respirare. Mi avevano detto che talvolta questo succede e che basta distendere un po' la testa all'indietro per allungare la trachea e riaprirla. Ma quando ci avevo provato non c'ero riuscito: riempivo completamente la mia nicchia e mi era assolutamente impossibile allungare la testa. Ho cercato di stare tranquillo respirando profondamente senza rantolare. Finalmente i "g" si sono stabilizzati, rimanendo al valore massimo per quello che a me è sembrato un minuto interminabile. Poi pian piano hanno cominciato a scendere: 3,6, 3,5, 3,4. Attorno al 3,0 ho ricominciato a respirare. A questo punto Dmitry ci ha ricordato di stare pronti e di non parlare in attesa dello shock d'apertura dei paracadute.

L'apertura dei paracadute: potrebbe anche essere divertente

Perché non parlare? Molto semplice, lo shock d'apertura del paracadute è veramente violento e se per caso capita quando stai parlando e hai la lingua tra i denti, può succedere che te la tranci. Quindi, meglio stare zitti. Avevo sentito parecchi miei colleghi astronauti, che avevano già sperimentato il rientro sulla Soyuz, discutere se fosse più violento l'impatto sul terreno o lo shock d'apertura dei paracadute. A me, paracadutista, sembrava una disquisizione strana: non mi sembrava possibile che l'apertura del paracadute, per quanto violenta fosse, potesse essere paragonata all'impatto sul terreno. Ebbene, mi sono dovuto ricredere quando è cominciata la sequenza di apertura dei quattro paracadute. Il tutto dura circa una trentina di secondi e ogni volta che si apre un nuovo paracadute c'è uno shock violento d'apertura seguito da una frenata paurosa, poi dal rilascio e di nuovo da un altro shock. Come se stessi andando a 250 chilometri all'ora in autostrada e un conducente impazzito improvvisamente schiacciasse con violenza i freni a ripetizione facendo passare 5-6 secondi tra un colpo di pedale e l'altro. Ma non è finita: a ognuna di queste frenate la navicella oscilla violentemente come una campana, ma non su e giù e sempre nella stessa direzione, bensì come una campana impazzita che cambia in continuazione l'angolo di oscillazione e la sua durata.

Uno dei miei colleghi astronauti americani di solito descrive l'apertura dei paracadute come un momento dove per parecchi secondi tutto sembra così violento e innaturale che ti viene da pensare che qualcosa è andato storto e che sicuramente da un momento all'altro ti disintegrerai con il resto della navicella. Poi cerchi di stare calmo e quando capisci che potresti anche non morire, pensi che sia una sensazione così fuori dal mondo che potrebbe anche essere divertente. Sono convinto che se si potesse replicare in un luna park, tanti pagherebbero per provarla!

Appena ha cominciato ad aprirsi il primo paracadute mi sono irrigidito, stringendo al petto i libri delle procedure e facendo bene attenzione che i miei gomiti non fossero a contatto con nessuna parte in metallo. Poi *bum bum bum*, e ancora *bum bum*, sbatacchiato per bene in questa navicella che sembrava in preda a chissà quale demonio.

Una quindicina di secondi dopo, le oscillazioni hanno cominciato a rallentare e, credendo che tutto fosse finito, mi sono rilassato. Errore! Mi ero dimenticato che fra i primi paracadute e gli altri due c'è qualche secondo di pausa e, quando la sequenza è ripartita, al primo *bum* ho dato una testata contro la parete della navicella. Ho visto le proverbiali stelle e non ho potuto fare altro che irrigidirmi di nuovo e aspettare con calma che tutta la sequenza finisse. Poi, alla fine della sequenza, sono partiti i motori laterali che hanno letteralmente mandato la navicella in centrifuga. Si tratta di una trovata degli ingegneri che utilizzano il movimento in centrifuga per smorzare le oscillazioni della navicella e raffreddare lo scudo termico. Bella trovata, anche se non consiglio a nessuno di sperimentare una centrifugata veloce stando dentro una lavatrice!

Equalizzazione dell'atmosfera: claustrofobia

Con l'ultimo paracadute finalmente aperto e terminate le oscillazioni e la centrifuga, la radio di bordo comincia automaticamente a trasmettere un segnale di chiamata utilizzato dalle forze di recupero per localizzare la navicella. Inoltre, viene comandata la depressurizzazione della navicella perché nel caso in cui la pressione all'interno fosse inferiore a quella esterna, la navicella potrebbe deformarsi e schiacciarsi non essendo stata progettata per sostenere questa situazione. Anche per questa operazione viene utilizzato un attuatore esplosivo che comanda una valvola che lascia uscire l'aria della navicella. Quando succede, improvvisamente si passa dal livello del mare alla pressione corrente esterna di circa 5000-6000 metri. Meno male che c'erano le nostre tute a fornirci l'ossigeno per respirare. Nel primo volo della Soyuz, i tre astronauti a bordo sono morti perché la valvola si era aperta quando ancora erano nello Spazio e purtroppo non avevano a disposizione una tuta di protezione come la nostra.

All'apertura esplosiva della valvola capita che l'umidità nell'aria all'interno della capsula si condensi producendo una nebbiolina, simile a quella di una giornata d'inverno in Val Padana. A noi questo non è capitato, ma è successo che magicamente si materializzasse un filo di fumo proveniente da dietro il cruscotto, come se ci fosse una sigaretta accesa. L'ho guardato per un paio di secondi cercando di capire se fosse una cosa seria, e poi l'ho indicato a Dmitry puntando il dito sulle procedure d'emergenza da usare in caso di fuoco a bordo, procedure che avevamo dovuto eseguire innumerevoli volte in addestramento. Lui mi ha fatto cenno di aspettare. Qualche secondo dopo la navicella ha sobbalzato ancora violentemente, riagganciando il paracadute in modo da mettersi in orizzontale e sganciando nel vuoto lo scudo termico che, ormai terminato il suo lavoro, era per noi solo una zavorra inutile.

Poi, si "carica" il sedile, vale a dire la nicchia dove eravamo sdraiati. Questa nicchia, grande tanto quanto una piccola vasca da bagno, è agganciata alla struttura della navicella con un perno fissato in corrispondenza dei nostri piedi. In corrispondenza della testa è fissata a un ammortizzatore che è normalmente scarico per far sì che la nicchia sia in posizione orizzontale. Questo ammortizzatore viene caricato durante il rientro in modo che sia pronto ad attutire l'impatto con il terreno.

Naturalmente la carica dell'ammortizzatore non poteva che essere comandata da una carica di esplosivo che fa istantaneamente passare la nicchia da una posizione quasi orizzontale a una quasi verticale. Devi stare molto attento: questa è un'altra manovra violenta e, se non sei preparato, se non hai le braccia appoggiate sul corpo, le gambe ben chiuse e la testa saldamente appoggiata nella nicchia, finisci per lasciarci un gomito o un ginocchio, o sbattere la faccia sull'anello metallico del casco. Tutte cose successe a qualche mio collega in precedenza. Se tutto va bene, resti sorpreso dal fatto che in un millesimo di secondo passi da una posizione dove la tua faccia e il tuo corpo sono a circa 80 centimetri dal cruscotto a una dove sei letteralmente incuneato tra la nicchia e il cruscotto, che ora si trova a non più di 20 centimetri dal tuo casco.

Quando mi hanno fatto provare questa manovra, manovra che a terra non è così violenta come in orbita perché lì si adopera aria compressa invece di esplosivo, ho quasi avuto un attacco di claustrofobia pensando che non sarei mai riuscito a uscire incastrato com'ero in quella posizione...

Atterraggio morbido: benvenuti a terra

Scendevamo appesi al paracadute. Ogni tanto Dmitry parlava con gli elicotteri delle forze di recupero che ci giravano attorno. Dapprima ci hanno chiesto come stavamo fisicamente: "Tutto a posto" rispondeva Dmitry, "pronti per l'atterraggio morbido".

Il capo delle forze di recupero ci ha poi ripetuto sommariamente quello che avremmo dovuto fare: "1200 metri. Mi raccomando, stendetevi bene nelle vostre nicchie assicurandovi che la vostra spina dorsale sia completamente appoggiata sul fondo dell'imbottitura". "1000 metri. Assicuratevi che testa e collo siano nella posizione corretta, anch'essi il più aderente possibile all'imbottitura della vostra nicchia." "800 metri. Non parlate più e tenete la bocca chiusa con la lingua dentro." "600 metri. Assicuratevi che le vostre gambe siano unite in posizione fetale al centro del sedile." "400 metri. Assicuratevi che braccia e gomiti siano totalmente sopra il vostro torso e che tengano stretti a voi i libri delle procedure". "200 metri. Preparatevi all'impatto. Mantenete i muscoli sotto tensione ma non irrigiditevi né rilassatevi troppo. Buon atterraggio!"

Poi silenzio. Un silenzio strano, quasi irreale. Mentalmente cercavo di visualizzare la navicella mentre percorreva questi ultimi 200-300 metri. I secondi passavano velocemente e in base ai miei calcoli, l'impatto ci sarebbe già dovuto essere. Per un attimo ho pensato che avrei potuto dare un'occhiata fuori sbirciando dall'oblò alla mia sinistra, ma poi ho ritenuto che non fosse il caso perché, se l'atterraggio fosse avvenuto proprio in quel momento, avrei sicuramente riportato lesioni al collo, probabilmente gravi. Sono quindi rimasto lì, nella mia posizione semirigida pensando all'ingegnere che aveva concepito il sistema del sedile con l'imbottitura a nicchia.

Quando mi avevano misurato, era saltato fuori che ero leggermente troppo alto e che secondo le specifiche standard della Soyuz non ci sarei entrato. La mia fortuna, però, è che rispetto alla media il mio torso è leggermente più lungo e di conseguenza le mie gambe più corte. L'anziano ingegnere, forse ottantenne con una folta capigliatura bianca da scienziato pazzo, mi ha guardato, mi ha posizionato dentro un modello del sedile, ha preso tutta una serie di misure e poi ha dichiarato che modificando l'imbottitura e inclinando la posizione della mia spina dorsale, ci sarei entrato. Non molto comodamente, ma ci sarei entrato. Mi ha fatto sapere, però, che questo mi esponeva a un rischio maggiore di rottura della spina dorsale al momento dell'impatto. Io avevo accettato di buon grado e lui si era messo a modificare l'imbottitura di buona lena mentre tutti lo guardavano senza osare dire una parola. Questo succedeva qualche anno fa, nel frattempo l'anziano ingegnere è morto e sono sicuro che i nuovi giovani ingegneri non si sarebbero mai assunti una simile responsabilità.

Mentre lo rivedevo, attrezzi alla mano, che scolpiva la mia imbottitura, sono partiti i retrorazzi di frenata. Attivati da un radar altimetro a circa 80 centimetri da terra, fanno una sfiammata violenta, riducendo la velocità da 9 metri al secondo a 4,5. All'interno, completamente schiacciato nella nicchia che comincia a coricarsi roteando all'indietro, ti senti come se qualcuno frenasse con violenza. Sebbene questa fase duri solo pochi millesimi di secondo, ho visto tutto al rallentatore: avevo percepito chiaramente l'accensione dei motori di frenata e mi aspettavo l'impatto immediatamente dopo. Invece, non era ancora avvenuto.

Ma, a un certo punto, ecco il *bum* dell'impatto, il saluto di ritorno a terra. L'impatto è stato sordo, violento, con il fondo della Soyuz che si accartocciava sul terreno come il muso di un'auto in un incidente frontale e con l'ammortizzatore del sedile che si era scaricato dissipando parte dell'energia e riposizionandoci quasi orizzontalmente. E mentre facevo un rapido controllo per assicurarmi di non aver subito danni, percepivo la navicella dondolare lentamente.

Dmitry è stato il primo a parlare e disse: "Benvenuti sulla Terra", e io, con un occhio alle procedure, ho risposto: "Ottimo. Sganciamo il paracadute?". Si tratta di un'operazione che va fatta appena si arriva a terra, con cui sostanzialmente si attiva una cesoia esplosiva che trancia due delle bretelle del paracadute facendolo sgonfiare e impedendo di farci rovesciare e trascinare per la steppa kazaca come se stessimo facendo kitesurf. Dmitry ha azionato l'interruttore e abbiamo sentito l'ennesimo *bum* della carica esplosiva. La navicella non dondolava più. Eravamo veramente arrivati a terra.

Estrazione dalla navicella: la gravità fa schifo

A questo punto devi solo aspettare. Le forze di recupero installano una specie di incastellatura metallica con uno scivolo intorno alla Soyuz per montarvi sopra e aprire il boccaporto.

All'interno della Soyuz fa caldo, forse una quarantina di gradi, e il piccolo ventilatore della tuta fatica a mandarti un po' d'aria di raffreddamento. Sudi, cerchi di muoverti, ma ti accorgi subito che tutto è complicato, tutto pesa enormemente e che ti sarà difficile riuscire a districarti dalla tua nicchia dove la forza di gravità al rientro ti ha incuneato per bene. Senti anche dei rumori all'esterno e vedi ombre e facce che ti salutano dal finestrino. Cerchi di girarti e di mostrare il pollice indicando che tutto va bene. Ma le sensazioni sono strane: tutte le volte che muovi la testa, ti sembra di cadere anche se sai che non è vero perché in realtà sei sdraiato. Questo è un altro regalo della forza di gravità: il tuo sistema vestibolare, quello che ti mantiene in equilibrio e ti permette di non cadere se inciampi mentre cammini, è completamente disorientato e invia informazioni scoordinate al tuo cervello che non sa più che cosa fare. A questo punto ti viene una forte nausea, ti viene da vomitare... il tuo cervello ti comunica che non gli piace dove sei e faresti bene ad andartene. Ma andartene dove? Ormai non c'è più scampo dalla forza di gravità e devi solo aver pazienza e riabituarti.

Ognuno di noi vive e percepisce il rientro sulla Terra in modo diverso. I medici dicono che le persone alte hanno molti più problemi, principalmente dovuti alla maggiore distanza cervello-cuore. Per quanto mi riguarda il riadattamento alla forza di gravità è stato veramente duro e ho sofferto di fortissime nausee, accompagnate da difficoltà di deambulazione e un gran senso di spossatezza. L'esatto opposto di come mi sento all'arrivo in orbita dove, al contrario della maggior parte dei miei colleghi che soffrono in media per 2-3 giorni, io mi trovo immediatamente a mio agio. Ma ne pago lo scotto con un disagio triplo al rientro.

Una ventina di minuti dopo l'impatto, le forze di recupero hanno finalmente aperto il boccaporto. Un intenso odore di erba e terriccio è entrato nella navicella. Hanno poi indicato Dmitry, nel sedile di mezzo, facendoci capire che sarebbe uscito per primo: non era possibile altrimenti perché io e Cady per uscire dalle nostre nicchie laterali dovevamo posizionarci nel mezzo prima di tirarci su per essere estratti. Ci hanno poi chiesto chi voleva uscire per secondo e io ho subito indicato Cady, perché volevo avere un po' più di tempo per riabituarmi alla gravità. Dmitry si è sganciato abbastanza velocemente, si è disincastrato dalla propria nicchia e poi si è aggrappato al boccaporto tirandosi su in piedi. Da come si muoveva intuivo che non fosse una manovra facile e che richiedeva una forza sovrumana. Da sopra, quindi, hanno allungato le mani agguantandolo per la tuta e tirandolo su come fosse un giocattolo. L'hanno fatto sedere sul bordo del boccaporto e una ventina di secondi dopo l'hanno fatto scivolare di sotto dove c'erano altri a prenderlo al volo.

Poi è stato il turno di Cady. Per permettere a Cady di uscire dalla sua nicchia hanno dovuto temporaneamente richiudere il boccaporto. Si è poi sganciata e, arrancando nel cercare di districarsi dalla sua nicchia, si è portata nel sedile di mezzo. Il boccaporto è stato riaperto e Cady è velocemente sparita verso l'alto.

Era adesso il mio turno. Il boccaporto è stato chiuso

di nuovo, ho sganciato le cinghie e ho cominciato a cercare di uscire dalla mia nicchia. Niente da fare; ero veramente incastrato. Ho cercato degli appigli per le mani ma nulla sembrava adatto allo scopo. Sentivo la nausea montare e il sudore grondare all'interno della tuta. Finalmente, dopo qualche altro tentativo, ho scoperto che se usavo i gomiti puntellandoli sulle strutture della navicella, pian piano riuscivo a muovermi e a guadagnare qualche centimetro di libertà. C'è voluta un'eternità per riuscire a districarmi dalla mia nicchia e lasciarmi cadere nel sedile di mezzo. "*Gravity sucks*, la gravità fa schifo" pensavo, rimpiangendo già il non poter più galleggiare nell'aria! Sentendo che la nausea stava aumentando sempre di più, ho controllato dov'era la barf bag, il sacchettino del vomito. Era a portata di mano nella tasca della gamba destra. Ottimo, probabilmente mi servirà presto!

Fuori erano tutti un po' preoccupati, ci stavo mettendo veramente tanto e non riuscivano a vedere quello che succedeva. Ho urlato, quindi, che ero pronto per l'apertura del boccaporto e ho cominciato lentamente ad alzarmi in piedi. Accidenti, ma quanto pesavo? E sapevo di aver perso qualche chilo in orbita, non certo di essere ingrassato! Non ero ancora completamente in piedi quando ho visto una decina di braccia allungarsi verso di me e sollevarmi immediatamente facendomi sedere sul bordo del boccaporto. Ho guardato tutti con occhi sbarrati: sentivo il vento e il sole sulla faccia ma sentivo anche la nausea che stava per esplodere. Ho fatto segno di fermarsi e respirando lentamente ho aperto la tasca sulla gamba per estrarre il mio sacchettino. E sono rimasto così, per una ventina di secondi, in bilico sul boccaporto non sapendo che cosa fare. Ma, invece del vomito, sono usciti solo un paio di rutti e mi sono sentito subito meglio. Ho fatto cenno di continuare e così mi hanno spinto giù dallo scivolo dove in quattro o cinque mi hanno preso al volo portandomi di peso sulle sdraio piazzate lì vicino, dove Dmitry e Cady erano tranquillamente seduti.

Dmitry mi sembrava un po' provato, anche se di sicuro non come me, mentre Cady invece era in splendida forma. Aveva gli occhiali da sole, parlava con il marito al telefono satellitare e aveva la mano sinistra alzata, salutando come una regina in parata. Se non fosse stato per la tuta bianca si sarebbe potuto pensare che stava arrivando dalle vacanze! Io, al contrario, ero stravaccato sulla sdraio e non ci pensavo nemmeno a muovermi. Era l'inizio dell'estate nella torrida steppa cosacca e il sole picchiava già forte. Sentivo la faccia bruciare, come quando si sta troppo vicino a un grande falò. E sebbene volessero fare delle foto di gruppo prima di trasferirci nella tenda medica, non riuscivo ad aprire gli occhi e a malapena riuscivo ad abbozzare un mezzo sorriso.

Controllo medico e trasporto all'aeroporto internazionale: nonostante il dolore

Subito dopo le foto di rito sono stato il primo a essere portato nella tenda medica, dove mi hanno fatto sdraiare su una barella. Hanno cominciato a slacciarmi la tuta e mi hanno messo addosso dei sensori per controllare i parametri vitali. Ma la nausea a questo punto era veramente forte e ho cominciato a vomitare con violenza. Meglio, ho pensato, una volta fatto mi sentirò subito bene. Il medico mi ha chiesto se volevo delle medicine antinausea e io ho subito accettato. Per fare le iniezioni, però, occorreva togliere la tuta, cosa non proprio facile. Pian piano, tra un conato di vomito e un altro, abbiamo tolto la tuta e quasi immediatamente mi è stata fatta un'iniezione. Mi hanno fatto indossare la mia tuta di volo di cotone blu e sono rimasto sdraiato per un altro quarto d'ora, per fare in modo che la medicina facesse effetto e per consentire agli elicotteri di prepararsi per il nostro trasbordo di un'ora e mezzo all'aeroporto di Karaganda.

Mi sono un po' ripreso e i conati di vomito sono cessati, quindi mi hanno portato di peso sul mio elicottero e mi hanno fatto sdraiare su una panca di legno, a dire il vero scomoda e un po' piccola per le mie dimensioni. Siamo partiti e tutto sembrava filare liscio sennonché a circa metà del viaggio ho cominciato ad avvertire un dolore lancinante in corrispondenza dell'intestino. Ho cercato di ignorarlo ma diventava sempre più forte. Il mio medico, dopo avermi palpato la pancia, ha detto che probabilmente era solo dell'aria intrappolata nell'intestino. Ma il dolore era veramente insopportabile e un medico cosacco ha suggerito che forse sarebbe stato meglio portarmi all'ospedale locale per fare un'ecografia e verificare che non ci fossero state lesioni interne. Dopotutto, proseguiva lui, erano solo dieci minuti di strada e l'ambulanza era lì pronta in aeroporto.

I problemi sono arrivati quando mi hanno caricato sull'ambulanza, un vecchio modello sovietico, non lungo abbastanza per permettermi di sdraiarmi sulla barella. Per fortuna, nel portellone posteriore proprio in corrispondenza della barella, c'era una botola che serviva a farla scivolare all'interno, d'inverno, senza dover aprire tutto il portellone. Una volta aperta la botola, sono tranquillamente riuscito ad allungarmi mettendo i piedi fuori. Nonostante il dolore, mi veniva da ridere, pensando a quelli che da fuori vedevano l'ambulanza sfrecciare con questi piedi di fuori. Inoltre, la sirena non funzionava, anche se l'autista passava tranquillamente con il rosso facendo lo slalom tra le auto che se la vedevano piombare addosso a tutta velocità. Ero continuamente sballottato, cosa che di certo non alleviava il mio dolore. Ma, ho pensato, devo solo resistere dieci minuti.

Trentacinque minuti dopo siamo arrivati all'ospedale. L'ambulanza si è fermata in corrispondenza dell'ingresso del Pronto soccorso e le porte si sono spalancate. Almeno un paio di cameramen e qualche paparazzo erano lì pronti ad accogliermi. Alla faccia della discrezione, ho pensato. Mi hanno caricato su una barella e poi trasportato velocemente in una sala dove ci saranno stati almeno venti dottori, grande capo compreso. Ognuno di loro ha voluto palparmi la pancia, chiedendomi se schiacciando qui e lì sentivo male. Certo che sì, accidenti! Il mio vocabolario di parolacce russe è molto limitato, ma ti assicuro che in quell'occasione ne ho sfoggiato uno che neanche io pensavo di possedere. Nel frattempo, completamente disidratato, chiedevo con insistenza dell'acqua, che però si rifiutavano di darmi prima di sapere se dovevo essere operato d'urgenza.

In attesa dell'arrivo dell'apparecchiatura per l'ecografia, hanno quindi deciso di prelevarmi del sangue e mi hanno chiesto un campione di urina. Ottimo, tutto questo serviva per vedere se c'era un'infezione in corso e verificare che tutti gli organi interni fossero a posto. Cosa che fu. Esclusa qualsiasi lesione con l'ecografia, negativi gli esami del sangue e dell'urina, si tornò alla diagnosi iniziale di una bolla d'aria intrappolata nell'intestino. Mi hanno quindi iniettato una soluzione salina e mi hanno ricaricato su un'ambulanza, questa volta una nuova di zecca con la sirena funzionante.

La NASA nel frattempo mi reclamava in aeroporto. Il loro aereo speciale, con Cady a bordo, era pronto già da un'ora e fremevano per ripartire per Houston il prima possibile. Io, intanto, ero fermo fuori dall'ospedale nella nuova ambulanza in attesa della scorta della polizia, che doveva arrivare – così avevano assicurato – da un momento all'altro. Una ventina di minuti dopo, non essendoci traccia della polizia, abbiamo chiesto di partire senza scorta e il direttore dell'ospedale ha acconsentito, sebbene di malavoglia. Duecento metri dopo, svoltato il primo angolo, abbiamo visto due macchine accartocciate in uno scontro frontale nel bel mezzo di un incrocio. Una era un'auto della polizia. Era quella la nostra scorta?

Rientro a Houston: "Tu non vivi in un televisore?".

Durante il viaggio di ritorno in aeroporto, il dolore si è progressivamente affievolito. Cominciavo a sentirmi meglio e la nausea stava diminuendo, probabilmente per via della soluzione salina. L'ambulanza adesso era nuova fiammante, la sirena funzionava alla perfezione e il conducente era meno scatenato di quello di prima. Potevo anche guardare fuori dai finestrini e i miei sguardi indiscreti rivolti alla gente per strada incrociavano quelli dei curiosi che si allungavano per spiare il passaggio dell'ambulanza.

Arrivati all'aeroporto, sono stato affidato ai medici della NASA. Avevano gran fretta di partire e mi hanno caricato di peso sull'aereo che ci attendeva, un Gulfstream III con una dozzina di posti, utilizzato dalla NASA per il trasporto dei manager e degli equipaggi e che, per l'occasione, era stato attrezzato con due lettini nella parte posteriore. Cady era già lì, seduta sul letto e pronta a partire. Ho chiesto di Dmitry e mi ha risposto che era già partito con un aereo russo alla volta di Mosca.

Mi hanno fatto sdraiare sul lettino e immediatamente mi hanno iniettato per endovenosa un'altra medicina antinausea. Non c'è voluto molto prima che facesse effetto: cercavo di parlare biascicando ed ero cosciente che quello che dicevo non aveva senso. Pochi secondi dopo ho sentito i motori che rombavano, ho chiuso, quindi, gli occhi facendomi cullare dal loro rumore. Quando li ho riaperti c'era silenzio e da sdraiato potevo vedere tre medici attorno al mio lettino che mi guardavano. Cos'è successo? ho pensato. "Ti dobbiamo cambiare perché ci hai informato che te la sei fatta addosso" mi hanno detto. Strano, non ricordavo nulla di tutto questo e, quindi, ho pensato a uno scherzo. Invece no, insistevano a volermi controllare. "E va bene, controlliamo pure!" Ma ero asciutto e dunque non c'era bisogno di cambiarmi. "In ogni caso," mi dicono "occorre scendere dall'aereo perché siamo arrivati a Londra e dobbiamo rifare il pieno." "State scherzando!" ho esclamato, non avendo nessuna intenzione di muovermi dal mio lettino super confortevole. Dopo avermi messo addosso una giacca, mi hanno sollevato di peso, uno da una parte uno dall'altra, chiedendomi di camminare. Accidenti alla gravità! Ma quanto erano pesanti le gambe: riuscivo a malapena a trascinarle!

C'è voluto un quarto d'ora buono per scendere dall'aereo, attraversare la piazzola di sosta ed entrare in una specie di reception dove Cady era seduta su un divano e stava cenando spiluccando da un vassoio. "Quello è il tuo" mi hanno detto. Vade retro satana! ho pensato. Alla sola idea di infilarci qualcosa, il mio stomaco si contorceva e si chiudeva come una cassaforte. Ho optato, quindi, per il bagno, dove sono arrivato a tentoni. Sicuramente era una visione comica e, se non fosse stato per la forte nausea, avrei riso anch'io.

Una ventina di minuti dopo siamo ripartiti, e ho ripercorso di nuovo la strada fino all'aereo sostenuto da due medici. Questa volta non mi hanno dato niente ma mi sono comunque addormentato.

Sei ore dopo siamo arrivati a Goose Bay, nel Canada del Nord. E lì si è ripetuta la stessa storia... Dovevamo scendere per consentire il rifornimento. Mi sono fatto coraggio e mi sono aggrappato a un solo medico. Barcollavo, ma ero chiaramente in ripresa. Dentro ci aspettava della pizza. Ma non una pizza di quelle che sognavo da tempo: una bella margherita fumante e semplice con un buon odore di basilico e mozzarella. Era una pizza americana, semi fredda, ricoperta da tutta una serie di ingredienti sconosciuti che sembravano essere stati tagliuzzati e mescolati da un cuoco folle. Ma non ho saputo resistere. Ho cominciato con timore, un piccolo morso alla volta, e pian piano mi sono ritrovato con la bocca piena. Ne ho spazzolate due fette e se devo essere sincero stavo puntando la terza con occhio languido. Poi, però, ho pensato che non fosse il caso di esagerare e ho optato per una specie di aranciata frizzante. Di solito non bevo queste porcherie, ma sentendo il pizzicore del gas in gola, mi sono detto: Buona!

Siamo, quindi, ritornati in aereo ancora sottobraccio a uno dei nostri medici e siamo ripartiti alla volta di Houston, ultima nostra tappa. Ci siamo arrivati sei ore dopo, all'una e mezzo di notte, dopo un viaggio di circa ventidue ore. Ad attenderci c'erano il capo del Johnson Space Center con una quantità assortita di manager NASA, e le nostre famiglie. Mia moglie Alexandra era lì ad aspettarmi e, data l'ora tarda, mia figlia

Sofia era rimasta a casa a dormire. Ho fatto uno sforzo sovrumano per scendere da solo dall'aereo e raggiungerla. Certo, barcollavo, ed ero malfermo sui piedi. Da dietro i medici mi seguivano con attenzione, pronti a sostenermi in caso di bisogno. Ma è andato tutto liscio, ci siamo abbracciati, abbiamo salutato, ringraziato tutti i presenti e mi hanno caricato su un pulmino per portarmi al Johnson Space Center.

Sono arrivato intorno alle 3 e ho subito trovato sul mio letto la pianificazione per la settimana successiva: il giorno dopo sveglia alle 6.30 con un esperimento medico da fare già alle 7. Ben arrivato! mi sono detto. Alexandra è andata a casa, io mi sono ritirato nella mia stanzetta e mi sono messo a letto. Com'era scomodo stare sotto le coperte, dormire galleggiando nell'aria mi mancava.

Due ore dopo è suonata la sveglia. Sono sceso dal letto con le gambe dure come un manico di scopa: sembrava avessi fatto una doppia maratona la sera prima! Ho fatto una doccia stando bene attento a tenermi saldamente ancorato al corrimano dentro la cabina. E poi è cominciata la giornata. Circa tre ore di esperimenti medico-scientifici, poi quattro ore di fisioterapia, infine tre ore di meeting tecnici. Sostanzialmente questo tran tran è durato tre settimane. Alla fine della prima già mi sentivo molto meglio. Due settimane dopo, il medico mi ha autorizzato a guidare anche se nei test di bilanciamento avevo ancora qualche deficit. La vista, che era peggiorata in orbita, era tornata come prima. L'unico problema erano le caviglie che di sera mi si gonfiavano, segno che la circolazione periferica non si era ancora stabilizzata. Ci sarebbero voluti sei mesi prima che questo succedesse.

Già da parecchi giorni non dormivo più al centro e

andavo a casa. Era un piacere cenare con Alexandra e Sofia, che sembrava contenta del mio ritorno ma dall'alto dei suoi due anni alla sera mi guardava con sospetto: "Tu non sei quello che vive in un televisore? E vuoi anche dormire nel letto con la mamma? Quello è il mio posto!".

Una voglia matta di gelato: il bello della vita quotidiana

La vita quotidiana è pian piano ripresa. In orbita, è vero, non devi fare la spesa, ma paghi questo scotto mangiando per sei mesi consecutivi cibo in scatola e liofilizzato. Lassù non vedevo l'ora di scendere a terra anche solo per soddisfare voglie particolari, molto semplici, come, per esempio, mangiare un gelato, della verdura, frutta fresca, una pizza. È incredibile quanto puoi arrivare a desiderare di addentare una mela, assaporare una fragola, annusare il profumo di una pesca polposa.

Per parecchi mesi dopo l'atterraggio, se passavo di fronte al banco di un fruttivendolo, rallentavo. Rimanevo incantato davanti ai cibi freschi, ai frutti saporiti e colorati. Volevo prenderli in mano e mangiarmeli tutti. Oppure mi veniva una voglia matta di mangiare un gelato, anche questo alla frutta: fragola, mela, albicocca.

Il sapore della polpa fresca è inimitabile. Il mio dessert preferito rimane una bella macedonia di frutta: kiwi, arancia, pera, limone... Per questo, nel periodo successivo all'atterraggio, mi piace fare il pieno il pieno di cose vive, polpose, saporite, terrestri: un carburante prezioso.

Twitter bye bye... almeno per il momento

Una volta tornato a terra ho smesso di twittare. Non so ancora esattamente perché. In orbita ho fatto un uso di Twitter diverso dal normale: generalmente si twitta per scambiarsi informazioni *two ways*, mentre in orbita era essenzialmente *one way*, ovvero io mandavo il mio messaggio, vedevo la quantità di messaggi di risposta, ma di rado rispondevo direttamente. A volte cercavo di soddisfare delle richieste, per esempio quando qualcuno scriveva: "Vorrei una foto di Karachi". E se capitava la facevo e la inviavo, anche perché la stragrande maggioranza dei miei tweet erano associati a fotografie.

Una volta tornato a terra mi è mancato quel supporto fotografico importante e al tempo stesso non volevo deludere i miei follower, banalizzare i tweet. Ancora oggi non ho trovato la forza e il metodo più idoneo per ricominciare a twittare e gestire i contatti. Ma non tutto è perduto, ci sto ancora pensando perché in orbita Twitter mi ha dato molto ed è stato veramente utile.

Intanto ho ripreso alcuni contatti diretti con le scuole, la gente, le università, portando la mia testimonianza in occasione di eventi di vario tipo, convegni, seminari, conferenze, presentazioni delle mie immagini in 3D. Ho incontrato autorità, leader politici, rappresentanti del mondo della cultura e della scienza. Ho fatto interviste alla radio, per la stampa, alla TV. Con gli altri membri dell'equipaggio siamo stati ricevuti in Quirinale dal presidente della Repubblica italiana Giorgio Napolitano, alla Casa Bianca dal presidente degli Stati Uniti Barack Obama e a Castel Gandolfo da Sua Santità Benedetto XVI, solo per citare alcuni tra gli incontri più significativi. Ritengo che la loro attenzione rappresenti un riconoscimento per tutti coloro che hanno lavorato e ancora lavorano per il successo delle missioni spaziali, ritenute essenziali per lo sviluppo scientifico e tecnologico dei Paesi. Per non parlare del loro valore educativo.

Comunicare i valori dell'astronautica attraverso i media credo costituisca un compito non secondario per coloro che compiono imprese significative, a nome di tutto il genere umano. Ci sono, poi, i libri come questo, che servono a raccontare e divulgare direttamente un'esperienza ma, al tempo stesso, a conservare, sviluppare e trasmettere lo spirito della missione e in generale delle avventure spaziali, che rimarranno sempre una grande sfida e una frontiera affascinante per me, per i miei colleghi e gli scienziati e tecnici che lavorano con passione a un obiettivo pionieristico.

Le missioni spaziali sono imprese che considero gravose dal punto di vista economico, ma irrinunciabili per le loro potenzialità scientifiche, tecnologiche e culturali. Un po' come quando si decide di avere un figlio: se ci si pensa troppo e si analizza la cosa dal punto di vista esclusivamente economico, nessuno farebbe figli. Ma un figlio rappresenta non solo una scelta d'amore, ma un investimento incalcolabile per il futuro. Lo stesso si può dire per una missione spaziale.

Chi non sarebbe disposto a fare sacrifici per i propri figli?

Svegliati!
Il futuro è tuo e te lo devi costruire

La nascita di un sogno

Ho iniziato a sognare di fare l'astronauta da bambino. Ero un ragazzino di poco più di dieci anni quando guardavo incantato alla televisione le immagini in bianco e nero degli eroi che sfidavano l'ignoto. Ricordo Ruggiero Orlando e Tito Stagno, oggi un caro amico, che ci decantavano le meraviglie tecnologiche che la NASA ogni giorno realizzava per permettere ai suoi "magnifici dalla stoffa giusta" di andare sempre più in alto e sempre più lontano. Houston e il suo Mission Control erano ormai diventati un'appendice di casa e da lì con ritmo incalzante arrivavano i bollettini di guerra, una guerra tra la voglia di arrivare per primi e le difficoltà dell'impresa.

Alla fine siamo arrivati sulla Luna, ed è stata l'apoteosi della vittoria. Una vittoria condivisa emotivamente come nessuna più sarebbe stata, perché in quel periodo storico non era possibile vivere in un Paese occidentale e non partecipare a quell'impresa, sentirsi coinvolti, sentirsi orgogliosi. Ricordo vagamente lo sbarco sulla Luna, una notte d'estate, tutti incollati davanti alla TV in un bar.

Conservo scolpite nella mia mente le immagini degli astronauti che saltellano sulla superficie lunare. Ed è lì, proprio lì, che è nato il sogno di fare l'astronauta: anch'io volevo andare sulla Luna e saltellare in gravità ridotta. Ne parlai con la mia fidanzatina di allora, Caterina, compagna di scuola e figlia del preside, una delle più brave della classe e sicuramente più matura dei suoi dodici anni. E lei mi regalò un libro: *Se il sole muore* di Oriana Fallaci.

Ma io, in fin dei conti, ero solo un ragazzo di provincia, nato a Milano e cresciuto in un paesino della bassa Brianza: scuola, casa, oratorio e via per i campi nel tempo libero. Tutto sommato, un'oasi felice. Il sogno c'era, ma era finito in una busta chiusa e sigillata, riposto chissà in quale cassetto, forse da qualche parte in soffitta.

Perché vuoi fare l'astronauta?

Alla fine delle presentazioni che spesso, e molto volentieri, faccio nelle scuole cerco sempre di dedicare del tempo agli studenti e alle loro domande, in genere stimolanti, qualche volta strane, anche perché mi permettono capire che cosa veramente interessa alla gente. Spesso mi viene chiesto quanto guadagno con questa professione. La ritengo una domanda legittima, ma ciò che mi stupisce è che a porla sono ragazzi o ragazze fra i dieci e i quindici anni. All'inizio ero imbarazzato perché non sapevo come rispondere a dei ragazzini su un argomento del genere. Ha senso fornire una cifra a chi forse non ha ancora l'età per capire il valore del denaro? Che senso ha per un dodicenne se io prendo 100, 1000 o 100.000 euro? Dovevo tradurre la cifra in quantità di pizze, biciclette o iPhone acquistabili? Allora farfugliavo una risposta senza fornire alcuna cifra, cercando di fare un paragone con gli stipendi dei calciatori e dei cantanti, ma alla fine né io né loro eravamo soddisfatti.

Un giorno, però, all'ennesimo: "Ma quanto prende di stipendio?", ho chiesto alla ragazzina il perché di questa curiosità. Senza battere ciglio mi ha risposto, compita: "Per decidere se vale la pena di fare l'astronauta!". E quando poi le ho chiesto quali fossero i criteri di valutazione per scoprire quale professione intraprendere, mi ha risposto con semplicità: "Essere ricca e famosa". A dire il vero ho pensato che fosse una ragazzina un po' strana, con un concetto tutto suo della vita, del lavoro e delle aspirazioni. In seguito, però, ripetendo la stessa domanda ad altri ragazzi, nella stragrande maggioranza dei casi la risposta era sempre quella. Con grande stupore ho appreso che, per quanto affascinati dalla mia professione, in fondo erano alla ricerca di un mestiere che li facesse diventare ricchi e famosi.

Tu cosa vuoi fare da grande?

Capire cosa si vuole fare da grande è una cosa assai difficile. Si tratta di un percorso che ha inizio durante l'infanzia in base a specifiche e innate attitudini e che prosegue per tutta la vita. Questo perché da un lato la tecnologia è in continua evoluzione e muta il contesto socio-economico, dall'altro perché anche noi cambiamo incessantemente, con il risultato che ciò che ci sembra chiaro oggi potrebbe non esserlo domani. Essere flessibili e pronti al cambiamento è forse una delle più grandi capacità umane, e dobbiamo essere consapevoli di questo dono ed essere in grado di sfruttarlo al meglio.

Durante l'adolescenza e nella prima giovinezza, quando si ha ancora scarsa percezione delle proprie capacità e attitudini, si è facile preda di modelli di successo che di continuo ci vengono propinati. I media ci bombardano ogni giorno con figure invidiabili traboccanti di fama, soldi, sex appeal, ma di solito li inglobano in un guscio luccicante che non permette di guardare dentro, di vedere se il contenuto è genuino, autentico. Ma ogni tanto questi personaggi rompono il guscio, mostrandoci le loro debolezze, e così capiamo che il nostro idolo è più fallibile di noi, anzi, spesso, è messo molto peggio di noi.

Al termine delle mie conferenze, spesso e volentieri mi ritrovo a firmare autografi, tante volte a bambini accompagnati dai genitori. Se c'è tempo e non c'è molta ressa, chiedo: "Cosa vuoi fare da grande?". Ricevo le risposte più disparate, alcune quasi scontate: "Il pompiere, la poliziotta, la cantante, il calciatore, la ballerina, l'astronauta...". Molte volte mi sento dire la "velina". Ora, io non ho nulla contro le veline, però mi sembra che questa non sia una professione vera e propria ma solo un'attività momentanea legata principalmente alla fortuna di possedere un corpo accattivante. Non escludo che fare la velina possa essere anche divertente, ma queste ragazze mi ricordano dei bei soprammobili destinati a diventare ben presto fuori moda. Ma quello che mi sorprende di più sono i genitori, che nella stragrande maggioranza dei casi sorridono, assecondando orgogliosamente la dichiarazione della figlia, determinata a fare questo "mestiere".

In quelle occasioni, ricambio il sorriso, firmo l'autografo e auguro buona fortuna alla bambina ma soprattutto ai genitori, non sapendo chi tra loro ne abbia più bisogno.

Personalmente sono convinto che sia compito della famiglia e della società presentare ai bambini dei modelli di vita dignitosi, utili a loro ma anche alla comunità. I bambini dovrebbero fare il maggior numero di esperienze possibili per scoprire, guidati dai genitori e dagli insegnanti, i loro talenti nascosti. L'obiettivo non dovrebbe essere quello di intraprendere una strada professionale di successo, di fama e soldi, ma di trovare una collocazione nella società, che ci faccia sentire realizzati, soddisfatti, a nostro agio, in pace con noi stessi.

In fin dei conti, la nostra vita è un foglio bianco sul quale abbiamo il dovere di scrivere il nostro miglior racconto, senza sapere a priori quale sarà il risultato finale, cosa salterà fuori. Proseguendo con la metafora, è inutile sforzarci di scrivere un romanzo se abbiamo scoperto di non saperlo fare e non ci piace scrivere, oppure accanirci nel disegnare ritratti se la pittura non fa per noi. Forse con il nostro foglio potremmo semplicemente costruirci un aereo o una barca, e lanciarlo alla scoperta di quello che ci sta attorno. Questo è *thinking out of the box*, pensare fuori dagli schemi, un processo creativo che richiede energie e immaginazione, produce moltissime cose inutili e impossibili, ma che è alla base di molte trovate geniali.

Il mio consiglio è di evitare di specializzarsi troppo presto; bisogna, invece, investire tempo ed energie in ciò che ci appassiona, sperimentando di continuo e cercando poi di trasformare i propri talenti in una professione. Anche se alla fine questo vorrà dire fare la velina!

La passione è forse l'aspetto che più ci può aiutare nella vita. Fare le cose con passione vuol dire metterci l'anima, dare se stessi, creare, ma soprattutto sentirsi realizzati e soddisfatti. E quando si vive questa condizione si riesce a esprimersi al massimo, a superare le barriere che ci ostacolano e a raggiungere l'impossibile. Per me questo significa sentirsi realizzati, essere soddisfatti del proprio operato e quindi... avere successo.

Vuoi proprio fare l'astronauta?

A quelli che sinceramente mi chiedono che cosa bisogna fare per diventare un astronauta professionista, rispondo che oggi come oggi ci sono quattro agenzie spaziali nel mondo che mantengono un corpo astronauti: NASA per gli USA, Roscosmos per la Russia, ESA per l'Europa e CNSA per la Cina, per un totale di circa 150 astronauti attivi. Per rinnovare i ranghi e colmare i vuoti lasciati da quelli che se ne vanno, periodicamente queste agenzie organizzano dei concorsi pubblici.

I requisiti di base richiesti per essere reclutati sono i seguenti:

1) una laurea scientifica o tecnica (ingegneria, fisica, medicina, biologia, ecc.), o un brevetto di pilota collaudatore;

2) conoscenza della lingua inglese a un ottimo livello;

3) un fisico sano, senza particolari patologie croniche o disfunzioni, nonché misure antropometriche (dimensioni fisiche) nella norma.

Come vedi, non hai bisogno di essere Superman o Einstein.

Non posso parlare in dettaglio delle selezioni della NASA, e delle altre agenzie, perché non le conosco. Da ora in poi, quindi, farò riferimento alle selezioni avvenute in Europa e gestite sia dalle agenzie spaziali nazionali sia dall'ESA.

Passata la fase iniziale di scrematura dei curricula per accertare che il candidato possegga i requisiti di base, si comincia a guardare in dettaglio il curriculum e ad assegnare punteggi a seconda delle capacità effettive: laurea di base o avanzata come un dottorato di ricerca, conoscenza di altre lingue (oggi soprattutto il russo, il cinese in prospettiva futura), brevetto di volo o abilitazione subacquea.

Vengono poi fatti degli esami per accertare l'effettivo livello di conoscenza della lingua inglese e dei test psico-attitudinali volti a stabilire le capacità di gestione del proprio cervello e del proprio corpo. Mi spiego meglio: l'astronauta dovrebbe possedere una giusta combinazione di capacità teoriche e pratiche, in modo da capire e acquisire velocemente una serie di concetti teorici, ma anche manovrare un braccio meccanico e sapersela cavare se gli viene chiesto di smontare un'apparecchiatura e rimontarla.

Ci sono poi dei test psicologici per capire le motivazioni, le reazioni in situazioni difficili e pericolose, la capacità di tolleranza a stress fisici e mentali, la capacità di apprendere e la predisposizione al lavoro di gruppo, quest'ultima estremamente importante. Ci sono anche dei colloqui con esperti che esprimono un giudizio oggettivo-soggettivo.

Di solito, nonostante tutte queste valutazioni, succede che in graduatoria ci sia un numero di "ottimi" candidati dieci volte superiore ai posti disponibili. Si procede, quindi, a un ulteriore scrematura dei "super-ottimi" che andranno a comporre la rosa dei finalisti. Anche questo elenco di solito contiene un numero di candidati superiore al numero dei posti disponibili.

Si passa ora alla selezione finale, dove la scelta decisiva viene affidata al top management delle agenzie. Per esperienza so che in questa fase giocano un ruolo preponderante fattori non strettamente tecnici.

L'ESA, per esempio, dà la priorità a candidati provenienti dalle nazioni che maggiormente contribuiscono ai programmi di volo terrestri. In Italia, poi, capita che istituzioni politiche e organizzazioni varie manovrino a tutti i livelli della selezione per proteggere o avvantaggiare candidati legati a loro. Almeno questa è stata la mia esperienza nel passato.

A coloro che, quindi, davvero vogliono intraprendere questa carriera vorrei dire di lavorare alacremente per acquisire i requisiti di base, ma allo stesso tempo di mantenere una vita attiva, aperta alle sfide, volta all'acquisizione di conoscenze teoriche e pratiche come, per esempio, un brevetto di volo o subacqueo, e alla pratica di attività sportive di gruppo. Una specializzazione universitaria all'estero, o anche solo dei periodi di studio, sono sicuramente un'ottima cosa. Servono ad approfondire altre lingue ma anche a conoscere culture diverse, ad allargare gli orizzonti, a fare nuove esperienze.

In Italia, oggi come oggi, l'Aeronautica Militare offre un'ottima preparazione tecnico-pratica ai propri piloti, li invoglia a perseguire la carriera di astronauta, ma soprattutto garantisce loro una lobby politica costante ed efficace. Sfortunatamente, i candidati provenienti da istituzioni universitarie, enti di ricerca o dal mondo dell'industria non godono di un supporto analogo e, a mio parere, sono pesantemente svantaggiati.

Il missile interrato

Da ragazzino sognavo di fare l'astronauta ma mi accontentavo di vivere quest'emozione guardando la televisione e leggendo *Se il sole muore*. Ho frequentato il liceo acquisendo pochissime idee sulle mie capacità e sulla mia strada futura. Ero un ragazzotto di provincia, probabilmente poco stimolato dalla scuola e dalla vita quotidiana. Corrado Bagnoli, uno dei miei compagni di liceo che da grande avrebbe trovato la sua strada tra le parole, ha sintetizzato l'animo di allora in una poesia pubblicata qualche anno fa. Eccola:

Missile

Adesso lo so perché,
dentro la noia di mattine
di scuola, ti lasciavi cadere
con tutta la sedia e col banco.
Adesso so che i pastelli e la biro
vomitati sul marmo squadrato
disegnavano a caso pianeti
e galassie e fili di fumo
che volevi viaggiare.

Ci ho messo molto a capire
che tutto quello che ero,
così poco
o tanto,
poteva finire
in righe bianche o scure
parole distillate dal tempo.

Ma ora so.
Che anche tu come me
vai cercando un paese
e un missile (mi piace
così, come quando
si era bambini) come un ago
o una parola per pungergli
il cuore. Raccontami dopo
il rumore. O l'amore che fa.

Alla fine del liceo ero ancora più confuso di prima e, dopo qualche mese e qualche corso al Politecnico di Milano, facoltà di Ingegneria, dove francamente sembrava che queste cose non facessero per me, ho deciso di staccare un po' la spina, prendendomi un anno sabbatico e assolvendo i miei obblighi di leva. Sono così arrivato alla Scuola Militare di Paracadutismo di Pisa, dove si imparava a fare il soldato e a buttarsi dagli aerei, entrambe cose che non avrei mai pensato di fare. In qualche modo devo essermi fatto notare, perché alla fine del corso di paracadutismo sono stato uno dei quattro scelti tra 1200 come aiuto istruttore in palestra.

Francamente mi divertivo a insegnare e a sfidarmi fisicamente, cercando sempre cose nuove e nuovi traguardi. Così, alla fine del mio anno di leva, mi sono raffermato e l'incarico di Istruttore Militare di Paracadutismo è diventato la mia professione. Ma non è durato molto: alla fine dell'anno successivo è uscito un bando di concorso per gli Incursori, la punta di diamante dell'Esercito, quelli che sfidano tutto e non conoscono limiti. Perché non provare? È stata dura: un anno e mezzo di corsi massacranti, messo continuamente alla prova ai limiti dell'impossibile. Ma con orgoglio ho ricevuto il mio agognato brevetto da incursore, la patente che certificava la mia idoneità fisica, unitamente a quella di... insanità mentale, perché solo un malato di mente ignora sistematicamente i suoi limiti pur essendo ben cosciente di quali essi siano.

Con il brevetto ancora fresco sono stato mandato a Beirut, in Libano, con il Contingente Italiano della Forza Multinazionale di Pace. Per uno che vuole fare il militare di professione quello era il paradiso: come incursori rimuovevamo le mine seminate ovunque o facevamo brillare le cluster bomb inesplose, piccoli oggetti che mietevano vittime in continuazione, soprattutto bambini. Ogni tanto provavamo pietà di fronte alle richieste di qualche madre o padre, che in cambio del loro primogenito ci chiedevano di rimuovere la bomba d'aereo inesplosa da 250 o 500 chili conficcata in sala da pranzo o in camera da letto. Avevano vissuto per anni con questa "bella addormentata" nella speranza che non si svegliasse improvvisamente e non osavano chiedere aiuto alle forze militari o di polizia locali, perché o si rifiutavano di toccarla o di solito la facevano esplodere dov'era radendo al suolo mezzo quartiere. Ma si era sparsa voce che se chiamavi gli italiani, questi arrivavano spavaldi, si caricavano la bella addormentata sulle spalle, la portavano pian piano giù dalle scale e poi la facevano brillare in un luogo sicuro dopo un breve viaggio sulla loro jeep. E se da un lato era bello sentirsi eroi e avvertire la gratitudine genuina della gente, dall'altro tutte le volte era un terno al lotto e non sapevi se il cuore ti batteva a centomila più per lo sforzo o per la paura.

Una sera, al rientro di una di queste giornate, il mio comandante di compagnia mi disse che la mattina dopo mi sarei dovuto presentare al colonnello Angioni. "Che cosa ho fatto?" ho esclamato. "Niente, ti vuole solo vedere." Strano, che cosa poteva volere da me il comandante del contingente? Dopotutto, sebbene io fossi un incursore, ero solo un semplice sergente, un sottufficiale di cui forse non sapeva neanche l'esistenza. La mattina dopo mi presentai e lui mi disse che aveva bisogno di un fotografo e voleva che io lasciassi la Compagnia Incursori e mi trasferissi con lui al Comando di contingente. "Come fotografo?" risposi io stizzito. "Ma si rende conto che sono un I-N-C-U-R-S-O-R-E?" Ebbene sì, lo sapeva eccome, anche lui da giovane era stato uno di loro e ne portava con orgoglio i distintivi. Da lì a poco sarebbe stato promosso generale, e il destino ha voluto che fossi io, il più giovane sottufficiale in servizio permanente del contingente, a strappargli il grado di colonnello e sostituirlo con quello di generale. "Lavorerai con il capitano Cantatore, presentati da lui" mi disse quella mattina liquidando così quel sergentino impertinente.

Il capitano Cantatore, Charlie-Charlie in codice, aveva bisogno di un vice per aiutarlo a gestire l'ufficio stampa, quello che doveva badare ai giornalisti che ormai numerosi andavano e venivano in continuazione. Mi prese dunque sotto la sua ala protettrice, chiamandomi Charlie-Charlie-2, e nei mesi successivi continuò ad acquisire un numero sempre crescente di "charlini", mettendo su un'organizzazione semi autonoma ribattezzata poi "Ufficio Arabo", con l'incarico segreto di operare come cellula di intelligence a protezione del contingente italiano.

Ogni tanto, di sera, mi diceva che saremmo andati in missione speciale, il che di solito voleva dire bere caffè a casa di qualcuno in aree interdette. Io lo guardavo con l'occhio strano e lui da bravo barese mi diceva simulando un accento nordico: "Voi milanesi non capite una mazza...". Ed era vero: non capivo il senso di quelle lunghe serate. Ma sta di fatto che dei tre maggiori contingenti internazionali noi fummo gli unici a non subire perdite di rilievo, e di sicuro buona parte del merito lo si deve alle azioni di Charlie-Charlie.

Così mi sono trovato a fare il fotografo, l'accompagnatore di giornalisti, la scorta ad Angioni e alle varie autorità che giungevano in continuazione e ogni tanto, mio malgrado, sono stato coinvolto in azioni di intelligence. Mi sono trovato faccia a faccia con miliziani ragazzini che ti puntavano addosso kalashnikov e rocket-propelled grenade e che non avrebbero esitato un secondo a premere il grilletto. Ho visto persone sventrate da trappole esplosive che stavano preparando, ho visto ragazze che per un bacio attraversavano mezza città sfidando sevizie e morte a ogni checkpoint o crocevia.

Un giorno, poi, è arrivata Oriana Fallaci e Charlie-Charlie me l'ha affidata dicendomi di accompagnarla dove voleva e di farle fare quello che voleva con l'unica condizione che l'avrei dovuta riportare intatta. Io, l'incursore-fotografo Paolo Nespoli ero diventato l'angelo custode della scrittrice-giornalista che da bambino mi aveva fatto sognare di toccare la Luna.

Svegliati!

Da settimane sentivamo che eravamo vicini alla fine e da giorni vivevamo "come d'autunno sugli alberi le foglie", sperando che prima della fatidica folata di vento sarebbe arrivato l'ordine di evacuazione. Finalmente un giorno di febbraio i governi della Forza Multinazionale di Pace decisero che non aveva più senso mantenere un contingente di pace a Beirut, un posto che di pace non ne voleva sapere. Così un pomeriggio soleggiato abbiamo impacchettato tutto il possibile in dei container e la mattina dopo abbiamo lasciato i nostri accampamenti per il porto, dove ci aspettava una nave traghetto mentre due navi militari ci attendevano al largo.

Il generale Angioni, fedele a una tradizione da lui iniziata un anno prima, decorava personalmente tutti coloro che avevano partecipato alla missione. Avevo assistito alla cerimonia decine e decine di volte, di solito all'aeroporto o al porto: poco importava se non molto lontano arrivavano colpi d'artiglieria o di mortaio, nessuno si muoveva e fiero aspettava il momento di ricevere il distintivo con il cedro del Libano.

Sulla nave, al rientro, Angioni aveva appuntato le decorazioni praticamente su tutti tranne che su di noi, la cerchia ristretta del Comando di Contingente, l'Ufficio arabo con Charlie-Charlie e i suoi charlini che aspettano pazientemente in riga.

Poi Angioni arrivò anche da noi, fece un breve discorso e cominciò ad appuntare i distintivi partendo dal più giovane soldato di leva, Charlie-Charlie-12. Passo avanti, saluto militare, posizione di attenti, appunto del distintivo, stretta di mano, saluto militare, passo indietro. Charlie-Charlie-11, Charlie-Charlie-10, Charlie-Charlie-9. Passo avanti, saluto militare, posizione di attenti, appunto del distintivo, stretta di mano, saluto militare, passo indietro. Io ero dal lato opposto della riga, e vedevo Angioni avanzare inesorabilmente verso di me, charlino dopo charlino, senza una parola. Tra poco sarà il mio turno. Charlie-Charlie-5, Charlie-Charlie-4, Charlie-Charlie-3. È davanti a me e mi guarda. Faccio un passo avanti. Saluto. Mi metto sull'attenti e lo guardo mentre mi fissa il distintivo sulla mimetica. Mi stringe la mano e mi dice: "Nespoli, ti ricordi quel giorno nel mio ufficio quando mi hai ricordato che non eri un fotografo ma un I-N-C-U-R-S-O-R-E? Cosa ne dici adesso? Ne è valsa la pena?". Con un nodo alla gola riuscii a malapena a mormorare un "Sì". Ho salutato e sono ritornato al mio posto e, mentre Angioni era alle prese con Charlie-Charlie, non sono riuscito a trattenere il rivoletto di lacrime che mi sgorgava dagli occhi e correva giù lungo le guance.

Prima che Angioni se ne andasse, Charlie-Charlie disse due parole di ringraziamento, ma proprio due perché anche lui, barese stravissuto, aveva un nodo alla gola, forse il più grosso di tutti. Poi, al momento di "rompere le righe", mi sono affrettato ad asciugarmi di nascosto le lacrime, sperando che nessuno mi avesse visto. Ma non ce n'era bisogno: tutti piangevano e alcuni addirittura singhiozzavano. Siamo rimasti lì per un bel po', ad abbracciarci e a piangerci sulle spalle. Nessuno sapeva esattamente il perché ma tutti eravamo coscienti che era finita un'avventura e che tra qualche giorno saremmo ritornati alla nostra vita quotidiana di prima.

Il giorno seguente ero sul ponte di poppa, appoggiato ai fili di acciaio di protezione, con la mente persa a guardare i ghirigori di schiuma bianca che si formavano tra le onde generate dal passaggio della nave. D'un tratto ho sentito avvicinarsi qualcuno: era Oriana Fallaci che, accanto a me, si era anche lei appoggiata al filo d'acciaio, apparentemente intenta ad ammirare la stessa cosa. Poi all'improvviso mi sono trovato su un ring virtuale. Io, quasi 1 metro e 90 per 80 chili, lei una spanna abbondante in meno e neanche la metà di me. E mi stuzzicava, con i suoi bei guantoni la metà dei miei, tirandomi pugni nel bel mezzo della faccia.

"Ma tu, cosa vuoi fare da grande?"

Non me lo aspettavo: "Mah, è complicato... e poi una professione io già ce l'ho: sono incursore".

Adesso mi lavorava ai fianchi: "Lo vedo che sei incursore, e ti viene anche bene. Ma non ci vuole un genio a capire che questa non è la tua vocazione. Che cosa vuoi realmente fare per il resto della tua vita?".

Veramente non sapevo cosa risponderle. Ma lei mi aveva già spinto in un angolo e col suo tipico modo di fare non mi lasciava muovere, sferrandomi colpi ogni volta che cercavo di sgusciare via.

"Be', sì, c'era una cosa che mi affascinava da bambino e avrei voluto fare da grande. Ma è solo un sogno da bambino, una cosa irrealizzabile... Poi, credici o no, hai contribuito anche tu a rafforzare questa idea, questo sogno..."

Ha rallentato un attimo i colpi, giusto il tempo per farmi respirare un po', ma non molto, perché era chiaro che voleva arrivare in fondo a questa storia.

"Ebbene sì, come tanti bambini del mio tempo, guardando gli astronauti sulla Luna, ho pensato che sarebbe stato bello saltellare come loro e fare derapate lunari. Poi ho letto il tuo libro e la cosa si è rafforzata ancora di più. Ma chiaramente è solo un sogno da bambino. Impossibile e irrealizzabile come tutti i sogni."

Attraverso le braccia, che avevo alzato a inutile protezione, la vedevo prendere fiato e racimolare le forze per l'ultima bordata.

Io mi difendevo invano: "Sì, ma ormai ho quasi ventisette anni, non ho una laurea e non parlo inglese. L'unica cosa forse è la costituzione sana. Insomma, ho uno solo dei tre requisiti di base richiesti, ed è il più facile!".

Mi ha sferrato un colpo potente al plesso solare togliendomi il fiato e facendomi aprire le braccia. Poi, il colpo finale da sotto: un montante micidiale che a tutta forza mi è arrivato sul mento sollevandomi letteralmente di peso. Questa era lei, la giornalista-scrittrice che usava con me le stesse tattiche con cui metteva al tappeto i potenti della Terra.

"E perché no? Sei giovane e capace, e se questo è il tuo sogno devi crederci e darti da fare!"

Ripensandoci da solo ho poi capito che ai sogni, ai sogni veri, bisogna crederci. Bisogna svegliarsi, alzarsi e darsi da fare. Siamo noi i costruttori del nostro futuro!

Il percorso non è stato per niente facile. Ci sono voluti parecchi anni, tanta forza e tanto sudore. Tanta determinazione. Una strada sempre in salita. E un giorno d'ottobre è arrivato il mio turno di indossare la tuta arancione di lancio. Ero a Capo Kennedy, specialista di missione della navicella Shuttle Discovery, in preparazione finale con il resto del mio equipaggio per una missione sulla Stazione Spaziale Internazionale. Non mi sembrava vero: ero nella stessa stanza in cui l'equipaggio di Apollo 11 si era preparato per andare sulla Luna. "Quella è la colonna vicino alla quale Neil Armstrong si è fatto ritrarre alla fine della sua vestizione! La voglio anch'io una foto così!" Poi siamo usciti e saliti sul pullman che ci ha portato alla piattaforma di lancio. Lo Shuttle, enorme, già carico del suo propellente criogenico era lì che gemeva e scricchiolava, e come noi sembrava non stesse più nella pelle dall'emozione.

Nella "camera bianca", sospesa a più di 80 metri da terra, mi hanno messo il paracadute. Questo è l'ultimo passo della vestizione. Dalla camera bianca fai l'ultimo saluto prima di girarti ed entrare nello Shuttle per poi lasciare questo mondo.

Tradizionalmente gli astronauti fanno un cenno di saluto verso la telecamera. Alcuni hanno cartelli scarabocchiati a mano con messaggi scherzosi del tipo: "Ciao mamma!", "Ti voglio bene tesoro!", " Fai il bravo Johnny!". Io non volevo perdere la mia occasione e il giorno prima mi ero preparato un cartello stampato da entrambi i lati. Da una parte c'era un saluto di commiato rivolto al nostro Paese, dall'altra un messaggio per tutti, specialmente per i nostri ragazzi: "Guardate avanti e puntate sempre in alto: le stelle non sono poi così lontane!".

Arnoldo Mondadori Editore S.p.A.

Questo volume è stato stampato
presso ELCOGRAF S.p.A.
Stabilimento - Cles (TN)

Stampato in Italia - Printed in Italy